大夏书系·师道文丛

檀传宝·丛书主编

与青春相伴

中学教师伦理研究

杨启华 / 著

YU QINGCHUN
XIANGBAN

华东师范大学出版社

全国百佳图书出版单位

·上海·

丛书总序

学段特性与教师
伦理的时间之维

    学校德育与师德建设，同为立德树人事业的重要组成部分。也可以说，师德建设其实也是广义德育之一种。师德建设与一般德育的区别，只在于教育对象的不同：德育是对学生的道德教育；而师德建设，尤其是师德修养，更多的是对教师自身的道德教育。在德育实践中，落实因材施教原则的一个重要前提是考虑学生的发展特点。从时间的视角，教育者既要关注学生所处的时代（20世纪、21世纪）、世代（00后、10后之类）等大的时间规定性，也要关注学生具体发展阶段。比如，皮亚杰按照认知特点将儿童心理发展分为感知运动、前运算、具体运算、形式运算四个阶段，而儿童心理学一般概括性划分为乳儿、婴儿、幼儿、童年、少年、青年六个阶段，在认知、情感、行为等方面具有时间规定性（特性）。同理，师德建设若要求实效，当然也一定要确立观察教师专业道德的时间视角——教师伦理的时间之维——认真关注教师伦理的时间规定性。

一、教师伦理的三大时间之维

    所谓"教师伦理的时间之维"，至少应该有三个最主要的维度。一是教师伦理赖以建构的大时代背景。比如，现代教师伦理与古代教师伦理，就既有一脉相承的继承关系，也有时代变迁导致的巨大差异。其区别最大者，可能是现代社会的教师会更关注学生以及教师自身的个人权利，教育公正原则也理所当然地成为现当代教师伦理的核心价值。二是教师生涯阶段对于教师伦理建构的影响。一个新手教师、一个成熟型教师和一个即将退职的老教师对于同一教师伦理的需求、理解、遵守，都会带有其不同职业生涯阶段的特性。目前教师职业生涯理论多聚焦于教师教学专业的发展，而对本应内含其中的教师专业伦理的生涯阶段性基本无视，是教师教育研究的一大遗憾。三是教师伦理的时间之维，就是教师工作学段的特殊性对于教师伦理的规定性。学段本是学生特定学习阶段的简称。我们常常将学生们稍长一些的学习区间习惯地称为某某学段，如学前段、小学段、中学段、大学段等。学段虽是学生的学习阶段，但是也会直接影响不同学段教师的工作及其伦理建构。很明显，幼儿园教师和大学教师虽然都应该同样奉行公正、仁慈的原则，但是由于学段的实际差异甚大，公正、仁慈等教育伦理之具体规范、实践在目标、内容、方式上都会有巨大的差异。此外，有些阶段很重要的内容，在另外一个学段就明显没有那么重要：幼儿园教师对儿童"生活"的全方位关注，在大学教师那里已不再是教育任务的重点了；大学教师所特别在意的科研伦理，中小学阶段教师虽然也要同样遵守，但是其伦理重要性的排序也一定会让位于教学伦理。

十分遗憾的是，以上三大教师伦理的时间之维迄今为止均未在教师伦理研究以及相应的师德建设实践中完全建立起来。少数关于教师伦理的时代特征的关注多停留在教育伦理思想史[1]的一般描述范式，严肃的理论研究、实证研究都严重不足。关于教师职业生涯、教师道德学习阶段对于

---

1 钱焕琦.中国教育伦理思想发展史［M］.北京：改革出版社，1998.

教师伦理影响的零星探索，也只见诸青年学人的学位论文、博士后报告[1]。至于考虑不同学段对于教师伦理特性的影响的专门研究，目前尚未真正开始[2]。2018年，教育部相继印发过《新时代高校教师职业行为十项准则》《新时代中小学教师职业行为十项准则》《新时代幼儿园教师职业行为十项准则》。大学、中小学、幼儿园不同学段的教师职业行为十项准则在同一年分别印发，至少表明在师德规范的政策制定层面已经开始有了学段思维。但是诸"准则"仍然显得笼统、抽象，相同的规范表述远多于其对于学段特性的关注。其深层原因之一，当然就是关于学段伦理的基础研究严重滞后。故对于教师伦理学的健康发展和师德建设的实效提升来说，较于时代之思、生涯之思，在理论上厘清学段教师伦理特征的任务尤具迫切性。

二、学段特性与教师伦理

本质上说，学段之所以成为影响教师伦理建构的重要时间之维，是因为教育劳动的特点与教师职业道德存在内在的关联。教育劳动的特性有很多，但是直接在学段这一时间之维上影响教师伦理建构的是其中的两大突出特性：一是"教育劳动的主体与工具的同一性"（教师本人既是劳动者，又是劳动的工具，所谓"言传身教"是也）；二是"教育劳动关系的复杂

1　王丽娟. 教师专业道德的发展阶段初探［D］. 北京：北京师范大学，2003. 傅淳华. 教师道德学习阶段相关研究述评［D］. 北京：北京师范大学，2017.

2　2016年，华东师范大学出版社出版了冯婉桢的《与诤友对话：幼儿园教师师德案例读本》、蔡辰梅的《小学大爱：小学教师师德案例读本》、杨启华的《为师之梦：中学教师师德案例读本》、李菲的《大学的良心：高校教师师德案例读本》，虽为学段伦理的探索，但是研究成果仍然是"案例读本"。

性"(教师在工作中会面临多重人际关系)[1]。换言之，我们完全可以从教师的社会角色、人际关系两大维度去看教师工作的学段实际，进而推论各学段教师伦理所具有的基本特征。

教师的社会角色及其在工作中涉及的人际关系无疑都具有十分明显的学段特性。当一位学前或者小学低年级的家长将自己的孩子送到学校时，他（她）差不多是将孩子的全部都托付于学校和教师。家长、儿童，甚至全社会都会像许多社会学家所描述的那样，期待教师成为"父母的替代"。这时儿童和教师之间、家长和教师之间、社会与教师之间的社会关系，是一种全方位的委托关系。相应地，教师的道德责任或工作内容则是要实现对安全、健康、游戏到文化学习等儿童权利的全方位保护。在小学阶段，特别是小学高年级，儿童"已经长大"，家长、儿童、全社会都会将教师的社会角色逐渐定义为文化学习以及道德人格影响上的"重要他人"。在小学阶段，儿童几乎在所有事情上都极其信赖教师，教师是所谓的权威"师尊"，具有最强大的教育影响力。与此同时，由于在这一阶段，家校之间、师生之间的关系慢慢演变为一种教育、教学的合作关系，故除了开展必要的安全教育，教师已经不太承担小朋友的保育之责了。到了中学阶段，教师慢慢成为文化课学习意义上的"业师"，对学生发展的实际影响力与学前和小学阶段会有明显下降。这是由于青春期儿童的独立性迅速增长，学生同伴群体的作用越来越大，甚至超过包括教师在内的成人社会的垂直影响力。故无论是为了践行师生平等的道德原则，还是追求实际教学效率的提升，在中学阶段，教师对儿童自尊、个性的维护，对于青少年亚文化的理解等，都势必成为教师伦理的核心内涵之一。在高等教育阶

---

1 檀传宝，等.走向新师德——师德现状与教师专业道德建设研究［M］.北京：北京师范大学出版社，2009：4–5.

段，学生虽然尚在青年期，但已经是成年人。这一时期，教师成为学生的"导师"，教师与教师、教师与学生之间更多的是一种"学术共同体"的关系。良好的大学教育，即便是在本科阶段，教师都应当让学生有越来越多的研究性学习的机会，专题讨论式的教学方式（seminar）也会在这一阶段得到越来越广泛的应用。在大学，即便是教学也带有学术研究的性质，本科生、硕士生、博士生，随着高等教育程度的提升，教师作为学术人的示范意义也会越来越重要。故大学里的"导师"之"导"与旅游上的"导游"之"导"在本质上是一致的。社会服务是与教学、科研相并列的现代大学职能之一，但是很显然，大学教师所要承担的社会服务责任的基础也仍然是学术研究。由于学术研究的重要性明显高于中小学和幼儿园等其他学段，故科研伦理肯定会成为大学教师专业伦理的重点内容之一。与此同时，由于家长已经是一个远离校园的社会存在，也由于大学生的个人生活部分逐步成为学生的私人领域，不再作为教师工作一般关注的重点，师生关系、家校关系都会逐步演变为完全的成年人之间的关系。正因为如此，在世界范围内，对于学生私人领域的尊重已经日益成为现代大学教师伦理的重要内容之一。

综上所述，教师的社会角色、人际关系具有明显的学段特性。教师从学前阶段的"保育者"、小学阶段的"师尊"、中学阶段的"业师"，到大学阶段的"导师"角色的演变，既意味着不同学段教师专业伦理的逻辑转换——不同学段教师在道德权利与责任的逻辑有严格区别，也意味着不同学段的社会关系处理的内容、范式会产生巨大的差异，教师专业伦理的内容结构（教学伦理、科研伦理、社会服务伦理）及其权重都会发生重大的改变。

三、一个亟须告别的时代

从学段这一时间之维去思考教师伦理的建构，不仅具有重要的理论价值，更具有重大的伦理实践价值："遍观国内书市或图书馆有关教师伦理、教师职业道德的著作，对教师真正有益的为数寥寥。其主要原因之一就是大而化之、笼而统之，不同学段'一锅煮'。而事实上幼儿园教师、中小学教师、大学教师虽然有教育伦理的一致性，但是由于教育生活的巨大差异，他们所要面临的伦理课题也差异甚大……不做专门、具体的研究，'对我们自己的''为我们自己的'道德教育如何做到有的放矢、因材施教？"[1]如前所述，师德建设尤其是师德修养事实上就是教师对自己的道德教育。若贯彻因材施教原则是包括师德建设在内的全部德育都应遵循的教育常识，则师德建设当然也应当因"材"（教师伦理的学段实际等）施教，教师伦理在理论和实践上"一锅煮"的时代就亟须告别了。而告别这一时代的前提，当然就是我们要通过深入的研究努力分析，厘清分学段教师伦理的特性。确立教师伦理的时间之维的本质，是要求教师专业伦理在言说方式上有范式变革。本文丛的各位作者对不同学段教师伦理特点做深度解读，可谓一个可喜的开始。

檀传宝

北京师范大学教育学部教授

1　檀传宝，等.教师专业伦理基础与实践［M］.上海：华东师范大学出版社，2017：5.

目 录

第一章 中学教师专业伦理的内涵与价值

第二章 中学教师专业伦理的成因及必要性

第三章　教师专业伦理比较研究

第四章　中学教师课堂教学伦理

第五章　中学师生交往伦理

第六章　中学家校交往伦理

第七章　中学教师同侪交往伦理

第八章　中学教师专业伦理修养

后　记

第一章 中学教师专业伦理的内涵与价值

　　随着教师职业的专业化发展，教师专业伦理成为其中重要一维。但是教师专业伦理的研究，在时间之维上，还存在混沌的状态。幼儿园、小学、中学、大学，不同的学段，教师专业伦理具有不同的内涵，其对于学生、教师发展和教育活动的深入推进都具有不同的意义。进行教师专业伦理时间之维的划分，就中学学段而言，明确中学教师专业伦理的内涵，以及中学教师专业伦理具有哪些价值，是探讨基于学段的教师专业伦理的起始。

第一节　中学教师专业伦理的内涵

一、"道德"与"伦理"

　　日常生活中，人们一般将"伦理"与"道德"通用，在一些研究中也将二者通用。"伦理"与"道德"在意义上虽然相近、相关，但亦有别。在黑格尔的思想体系中，"伦理"范畴侧重于社会，强调客观方面；"道德"范畴侧重于个体，强调主观内在操守方面。德国哲学家谢林则更为明确地指出，"道德"只是针对个人之规范要求，而且只要求个人达到人格的完美；"伦理"则是针对社会规范的要求，并且要求全体社会遵行规范，藉以保障每一个人之人格。在我国，"道德"通常针对人伦关系，且以道德主体本身为核心；"道德"一词通常指个人符合社会期待的行为规范，其规约对象是个人，强调个人修养，主要指现实的道德现象、道德行为，不具有强制性。而所谓伦理，是调整人伦关系的条理、道理、原则，指一定社会的基本人际关系规范及其相应的原则；它强调群体规范的意味较浓，是在人、我关系的互动中，合乎社会常规的行为规范，其规约对象指向社会关系和在其中互动的人，强调公共意志，多指抽象、客观的"应然"规则。由此可见，两者的区别主要在于："伦理"是针对社会规范作要求，且要求社会全体遵守规范，藉以保障每个人的人格。而"道德"是对个人的规范所提出的要求，且更倾向于要求个人人格完美。所以，尽管伦理与道德在词义上十分接近，但也仍各有偏重，前者侧重于外在的伦理规范，后者则着意于个体内在的道德意志和约束。

　　对于教师职业而言，教师的个人道德与职业伦理有密切的关系，不能绝对脱离开来，因为教育活动作为一种培养人的活动，其本身就具有非常强的道德特性。教师自身的道德水平，与其在职业生活中的伦理活动有密切关联。我们应看到二者的区别，更关注教师在职业生涯中如何依照职业要求更好地从事教育活动，不无限地拔高个人道德；同时，也应该关注到教师道德是达成教育目标的关键性因素。

二、从教师职业道德走向教师专业伦理

（一）从教师职业道德走向教师专业道德

教师职业专业化是世界教师教育改革与发展的趋势与潮流，也是中国教师教育改革与发展的方向与前景。人们认为，教师专业化应该包括五个方面：运用专门知识；提供专业服务；具有专业自主；接受专业教育；信守专业道德。教师职业向专业化发展，推动教师的知识、技能与道德等方面的专业化，其中重要的一方面就是从教师"职业道德"向教师"专业道德"的转变。这一转变，不仅仅是概念的变化，更重要的是关于师德的专业发展的要求。"专业道德"是教师专业化过程中的重要组成部分。由于教师所面对的工作对象是在知识与思想观念等方面逐步社会化的学生，因而，"专业道德"在教师工作中具有重要地位，是教师专业化的内在要求与核心要素。教师专业道德，是教师专业化发展中，对教师在道德方面的专业伦理规范，即教师专业的角色道德。相对于教师职业道德而言，教师专业道德更体现了教师职业的专业特性与专业要求。

（二）从教师专业道德走向教师专业伦理

何为教师专业伦理？学者们有不同的观点，代表性的观点有："教师专业伦理系指教师专业领域中的一套行为规范，藉以规范教师执行专业时对其个人、他人及社会的行为。""教师专业伦理是指本着服务理念，突出

专业特征，教师在从事教育教学专业活动中一致认可并自觉遵守的一套行业内部规范和准则，其共同目标是提高本职业声誉和社会地位。"[1]

从道德与伦理的学理差异可见，从教师专业道德走向教师专业伦理意味着强调教师这个专业团体的成员彼此之间或与社会其他团体及其成员（如学生、家长等）互动时，遵守专业的行为规范，藉以维持并发展彼此的关系。它不同于以往多强调教师的个人修养、教师的牺牲与奉献等个人反求诸己、内在修炼的道德要求，更强调教师在专业生活中，如何依据专业的规范、教育的专业伦理精神，以专业的、合乎教育规律的方式处理与他者（如领导、同侪、学生、家长）的关系，在遵守专业操守、提升专业能力的行动中，促进学生的发展与自身的完善。

具体而言，教师专业伦理是教师在教育教学过程中应该遵守的基本原则和规则，用来规约教师在进行专业活动时对他人的态度与作为。教师专业伦理涉及包括学生、家长、同事、领导及社会（社区）在内的相关人员，从实践角度来看，它所要回答的问题有：在学校场域中，哪些事情要做？哪些事情该做？哪些事情不能做？事情当如何做？如何才能把事情做好？

三、中学教师专业伦理的意指

教师专业伦理从产生而言，是在教师专业发展的总体背景下，为了维护教师职业声誉、保护教师的专业利益、提升教师的专业能力，对教师进行的伦理要求。教师专业伦理具备一般伦理的基本特征，但又具有教师职

[1] 杨晓平，刘义兵.论教师专业伦理建设［J］.中国教育学刊，2011（12）.

业的特殊性，它规范的是教师群体的行为规范和准则；教师专业伦理是教育伦理的组成部分，是在教育领域内的有关人员都应该遵守的基本行为规范、准则和其他相应要求。

教师这个群体，依据学段还可以分为幼儿园教师、小学教师、中学教师、高校教师等。因而，教师专业伦理也可以依据学段的不同，称为不同学段的教师专业伦理。对中学教师而言，其所应遵循的伦理原则可被称为中学教师专业伦理。它在中学教师的专业范围内发挥作用、规约与引领教师。中学教师专业伦理，是调整中学教师在其职业生活中的行为的原则和规则，是对中学教师基本人际关系和行为准则的规范。它从教师群体的角度出发，强调这一群体整体的规范的意味较浓，同时，这一群体的总体规范，又是教师个人在自我与他人互动的关系中，表现出合乎专业伦理的行为规范的要求。中学教师专业伦理要求中学教师在提供专业教育服务，在教育活动中处理好多种责任关系，遵守专业的伦理规范。

▎第二节　中学教师专业伦理的价值　▎

为何提中学教师专业伦理？价值何在？与以往一般意义上谈及教师专业伦理不同的是，对中学教师专业伦理的强调，意味着突出中学这一学段教师专业伦理的意义与价值。然而，这种基于学段为最基本划分特点的教师专业伦理的划分，是否有必要？这就涉及中学教师专业伦理相对于不进行学段划分的教师专业伦理的价值性探讨。

学者认为，专业伦理可发挥四种功能：对专业人员确保一件事，即强制执行的专业伦理，可让专业服务的提供达到合理的标准，且符合伦理行为的规范，同时也可让专业人员实施独立的判断；对公众确保一件事，即专业人员为公众的利益服务，应持续地享有公众的信任、信心以及支持；提供一个一致的准则与行为标准，即专业人员知道什么是可被接受的行为，以使其行为受到适当的规范，同时保护专业人员免于不利的批评、法律的起诉以及执照的撤回，并避免政府介入专业，使其丧失自主权；专业伦理是一项职业拥有专业地位的标志之一，可以促使半专业或未达专业标准的职业向专业迈进。[1] 从这四种功能的分析视角，亦可管窥中学教师专业伦理建设所具有的价值。

一、对中学生发展的价值

教育的目的是学生的发展。中学教师专业伦理建设，根本目的也是指向学生的良好发展。从中学阶段学生的特殊性、师生交往关系的特殊性、家校交往的特殊性等角度来看学生发展问题，中学教师能更深刻理解学生的特点和教育的特点，在面对学生成长中的伦理问题时，更能避免以单一的、简单的伦理原则处理问题，而能够更深层次理解学段的特殊性，学会分析该学段的教育情境的特殊性和处理伦理问题的方法。例如，中学生处于价值观形成的重要时期，教师如何帮助学生树立价值观，教会学生选择，是中学阶段的重要课题；中学教师的专业品质中，教师如何"公正"地对待学生是被中学生视为比"关怀"更重要的品质；中学师生交往，如何了解学生文化，与学生进行"文化交往"；中学师生交往，面对情感萌芽的中学生，教师如何处理与学生的情感限度，杜绝师生恋；在家校交往

1　Rich J M. *Professional Ethics in Education* [M]. IL: Charles C Thomas Publisher, 1984.

中，教师如何将具有独立自主意识的学生纳入到家校交往中，家校合力共同促进学生发展；等等。诸如以上的问题都表明，中学阶段教师的伦理情境不同于其他学段，需要教师学会思考、反思，采取恰当的伦理性行为促进中学生的发展。因此，中学教师专业伦理建设将有利于促进学生发展这一根本教育目的的实现。

二、对中学教师专业行为的价值

从中学教育的任务、中学生的特点、中学作为一个教育阶段所具有的特殊性等方面来看，中学教育是一个充满了伦理选择的领域，在这一领域，中学教师不仅需要时刻修身自省、提升教学技能、完善人格，而且需要处理与社会、同事、家长、学生等外部世界的各种利害关系，这些利害关系具有和其他学段非常不同的特点。因此，中学教师必须在各种矛盾关系中权衡，在现实教育生活中以专业的态度和精神作出教育行动和决策。面对中学的各种伦理问题，中学教师专业伦理规范及其内容可以为中学教师提供参考，促使中学教师作出合理的伦理决定。

中学教师专业伦理能够规范中学教师的行为，使之符合伦理要求，确保教师行为的专业性，维护教师专业自主权。中学教师专业伦理是指引中学教师应该怎样行事的规约，规范中学教师在教育教学活动中的行为，帮助中学教师作为伦理主体建构自身，成为以伦理行事的行动者。例如，在中学教师的教育教学活动中，一些不经意的行为具有伦理含义而教师却缺少察觉。中学教师专业伦理能够提醒中学教师意识到教育工作中浮现的伦理问题；在中学教师需要解决伦理问题时，提供建议性的参考，帮助中学教师解决问题、给予指引；使中学教师理解在专业领域中应该有和不该有的行为，鼓励中学教师采取符合专业伦理的行为。此外，教师专业伦理能够帮助中学教师理解自身的责任，明确自身的义务，找到面临伦理两难困境的解决方法。

当中学教师面对一个复杂伦理问题时，中学教师专业伦理能促成即时的伦理决定。伦理学家 W·海森伯曾经指出："伦理学是生活的先决条件，因为我们每天都必须做出决定，我们必须知道决定我们行动的价值（伦理标准），或者至少隐约地想到它们。"[1]

中学教师专业伦理可以为那些伦理判断力还不成熟的中学教师提供伦理抉择的指引。杜威曾说："伦理规范能成为分析的工具，它使得对伦理问题（往往是非常复杂的难题）的考察得以可能，好的规范能为个体的伦理判断提供借鉴和支持。"[2]对于一部分中学教师来说，在学校教育活动中可能缺乏专业能力和信心，更容易表现出不专业的伦理行为。对于这些中学教师来说，中学教师专业伦理能够指导他们处理问题，告知他们面对此类问题时适宜的解决办法，提高他们的伦理判断力，给他们提供作出伦理抉择的指引。此外，当中学教师的偏爱扭曲其伦理判断时，中学教师专业伦理能在一定程度上防止其堕落，从而保障中学教师能够摆脱偏爱的消极影响，做出理性的判断与行为。

三、对中学教师社会地位的价值

所谓社会地位，是指人在社会结构体系中所处的位置。现代社会学

1 W·海森伯. 物理学和哲学——现代科学中的革命 [M]. 范岱年，译. 北京：商务印书馆，1981：165.

2 Dewey J. *Outlines of a Critical Theory of Ethics* [M]. New York:Hillary House, 1957.

奠基人之一、德国著名社会学家马克斯·韦伯认为，决定人们社会地位的主要因素应该是经济因素、社会文化地位和权力因素。[1] 日本学者天野郁夫也指出："在现代产业社会里，人们社会地位的高低，取决于他拥有多少社会资源。所谓社会资源，一般是指财富、权力、威望、知识和技能四者，人们对这些资源的拥有量越大，其社会地位就越高。"[2]

　　早在 1939 年，我国近代教育家常道直在《教育风气与教育团体》一文中就提出了制定"全国教师公约"的建议。1946 年，常道直又向世界教育专业会议提出《国际教师专业道德规约》的提案，指出此项规约目标之一就是为谋教师社会地位之提高，他认为，盖一般人对于教师们尊崇的程度乃与教师们所信守的专业道德标准成正比。我们相信一种根据健全的教育哲学而形成的专业道德规约，足以引导教师们过更高尚的生活，其结果必能引致一般社会对教师之更隆重的尊礼。1948 年由常道直与朱炳乾共同起草的《全国教育专业道德规约》（草案共有五章三十二条）提请中教会第九届年会讨论。他们对这一规约的宗旨也做了明确规定："本规约之宗旨，系以教育专业界自身之力量达成下列各项之目标：挽救当前教育界颓风；充实教育专业修养；发扬教育专业精神；加强教育专业组织力量；提高教育专业社会地位。"[3]《全国教育专业道德规约》可以说是教师专业伦理的前身，目的之一就是谋求教师社会地位的提高，他们认为社会对教师的尊重程度和教师的专业伦理成正比，教师专业伦理可以引导教师过更高尚的生活，其结果必能引起社会对于教师的尊

1　谢维和.教育活动的社会学分析——一种教育社会学的研究 [M].北京：教育科学出版社，2000：40.

2　张人杰.国外教育社会学基本文选 [M].上海：华东师范大学出版社，1991：152.

3　王有亮.《教育杂志》与我国对教师专业化问题的早期探索 [J].教师教育研究，2008，20（1）.

重。教师专业伦理能通过建立专业行为的规范，来引导教师工作朝向伦理的目标，并引领教师的有效教学行为和正确决定，从而提高教师的社会地位。

中学教师专业伦理建设，对教师社会地位的价值在于，促进教师享有公众信任与支持，提升中学教师的社会地位。中学教师的社会地位体现在中学教师的经济收入、社会权利（政治权利、专业性权利、学术性权利）、职业声望。现代以来，教师争取社会地位的提升已经有很长一段时间，虽然当前中学教师社会地位提升已较为显著，但是在一定程度上和其他部分行业相比仍地位较低也是事实。加之社会媒体对中学教师的不良行为的报道，使得公众对中学教师的职业操守、专业素养仍有不少存疑，将部分教师的违背职业伦理的行为放大或夸大，对教师社会地位的提升带来不良影响。因此，我们急需推进教师专业伦理建设，提升教师的社会地位，为教师发展提供良好的社会环境，才更有利于教育活动的开展。

四、对中学教师专业发展的价值

教师专业伦理是教师专业化的必不可缺的部分，是专业成熟的重要标志。中学教师专业伦理建设对于教师专业发展的价值在于：推进职业的专业化发展。对此，学者们也有很多论述。社会学家利伯曼提出专业具有的特征之一为拥有应用方式具体化的伦理纲领；格林·伍德强调所谓专业必须具备严格的职业伦理规范；班克斯认为专业的六项标准之一为具有伦理规范；霍勒指出专业的标准之一是团体的伦理规范；戴顿总结了成熟专业的六个特点，其中之一是专业人员建立本专业的组织，规定能力标准，通过影响训练与资格授予控制专业准入，并且制定伦理行为规范；奥恩斯坦认为专业的十四个特征之一为以伦理规范来澄清模棱两可与疑难困惑的服务问题；艾伯特根据英美各专业领域发展历程之实证研究发现，专业的形成过程中，依其发生次序的八项重要事件中的第六件为专业伦理守则制定；1995 年再版的《国际教学与教师教育百科全书》对专业提出的五个判断标准之一为对从事该项活动有典型的伦理规范；卡尔认为，任何一项可以称为专业的行业，需要满足的五个标准之一为满足一些独特的以实践标准形式得到表述的伦理标准，他明确指出，伦理的考虑内含于专业的其他评价标准之中，是专业的首要特征；在关于教育专业特征的论述中，林清江提出教育专业工作应具备的七项特征之一为遵守伦理信条；谢文全认为教育人员专业化的七项标准之一为能制定并遵守专业伦理或公约；比蒂明确表示，一位专业幼儿教师需具备的三项能力之一为以专业伦理之行为对待幼儿、家长与同事。

可见，教师专业伦理首先是在教师专业化发展到一定程度才被提出的，在此基础上，教师专业伦理才反过来作为教师专业化发展的要素之一，开始自觉地推进教师的专业化进程。对于中学教师来说，也同样如此。

中学教师专业伦理作为系统的、合理的伦理规范，可以保障中学教师的伦理自主性，防止中学教师在教育活动中存在违反教育活动内在要求的行为。中学教师专业伦理能够让公众了解中学教师的专业化程度，告知公众教育者的信念和立足点，使公众知道可以信赖中学教师的行为，增强中学教师专业的可信度。中学教师专业伦理可以使中学教师在面对社会中不同的服务对象时，从容面对关于伦理问题的挑战，同时进一步在公众心目中树立自己的专业形象。中学教师专业伦理可以提升中学教师的专业品质，在中学教师和公众之间建立起信任的关系，规约公众对中学教师的期许，提高中学教师的准入门槛，从而保障中学教师的专业自主权，确保其独立地、高效地开展专业工作，从而最终推进中学教师的专业化进程。

总之，从以上几方面可以看出，中学教师专业伦理对于学生成长、教师本人、社会公众如何看待教师及教育活动、教师专业发展都具有重要价值。中学教师专业伦理能够通过促进中学教师专业伦理知识和技能的发展来保障中学教师的专业性权利；中学教师专业伦理能够通过对中学教师行为的约束和德性的内化，提高中学教师的职业声望。此外，中学教师对专业伦理的内化能增进中学教师职业的专业性，它既标志着中学教师专业的成熟，能使其迈入高地位的专业行列，有助于其专业的整体发展与提高；又标志着新的成熟，使中学教师的社会地位与其他高地位的专业人员保持平齐。

第二章 中学教师专业伦理的成因及必要性

中学学段教师专业伦理的提出，是基于中学学段的独特特点。中学生的特殊身份、中学阶段的多种交往关系的特殊性、中学阶段教育任务的特殊性等，造成了中学阶段教师的教育情境的不同，以及在情境中处理专业伦理问题的方式与方法的差异。关注教师专业伦理建设，回应了教育发展的要求和时代发展的需要。

▌第一节　中学教师专业伦理成因　▌

一、中学生身份特殊性

中学生的特殊身份是引发中学教师专业伦理问题思考的重要出发点。已有教育学、心理学等学科对中学生身心发展特点进行了较多的分析，认为中学生处于身心迅速发展，人生观、世界观、价值观逐步形成并稳定的时期。相比于幼儿园、小学和大学阶段，中学生发展显示出这个年龄阶段独特的特点，因而教育的方式也有所不同。教师在教学中如何处理与学生的关系、如何对学生价值观产生影响，在中学阶段与其他学段有所不同。在此，从文化视角对学生的身份加深认识，厘清中学生的特点及教师专业伦理的特性。

（一）传统视角下未成年人的社会地位：边际人

学校、班级都是学生社会化的重要场所。中学生步入青少年时期，综合关于青少年的研究可以看到，长期以来，国内外青少年研究中将青少年学生界定为"边际人"，指的是青少年作为一种不成熟的社会存在，作为正在准备进入成人社会的人来说，只是处在社会文化的边缘。

传统的社会学对于未成年人的一个重要的假设是"边际人"假设，即社会是成人所主导的，未成年人需要通过学习等社会化的过程，来了解、接受、进入成人社会。相对于成人社会而言，他们还处在边缘，处于等待进入成人社会的状态。例如青少年研究专家 F·马赫列尔认为，青年只是在儿童和成熟期两种年龄之间的变化。它意味着"脱离童年，进入成年——成熟化（人格化）、社会化和自立，必须经过一个阶段：在这个阶段中，青年还没有完全超越前一个阶段，也还没有进入后一个阶段……

同低于成年人的不成熟状态相适应，青年被认为是处于不同于成人社会的边缘状态。"[1] 我国也有学者认为："青春期历来被认为是儿童走向成年的发展阶段，是进入成人世界的准备时期，由于青年既非儿童，也非成人，而是处于一种介乎两者的中间状态，因而有'边际人'之说。"[2]

可见，在"边际人"假设中，社会化就是未成年人学习成人社会的规则、文化的过程。成人处于主导状态，未成年人是被动接受和吸收。在这种视角下，教育活动是文化的单向传递，师生关系更多表现为教师的权威、学生的从属地位。

然而，对于青少年学生而言，随着社会文化的发展变化，青少年学生发展的时代背景和发展内容呈现出不同特点，"边际人"的观点值得去反思。教育活动的特点、师生关系的视角也需要进一步反思。

（二）文化变革视角下的中学生社会地位：年轻的成人

当今社会发展迅速，知识更新速度、信息技术发展等，都促使学生呈现出发展迅速、发展内容多元化等特点。20 世纪 60 年代，美国人类学家玛格丽特·米德在《文化与承诺》一书中，从文化传递角度将文化区分为前喻文化、同喻文化与后喻文化。相应的，不同时代也被区分为前喻文化时代、同喻文化时代与后喻文化时代。她指出，社会已经进入了后喻文化时代，即成年人的文化不再是占据主导地位的文化。在文化传递模式上，以往的未成年人向成年人学习的文化传递模式也相应发生改变。传统的权威发生变化，年长者应向年轻一代学习，出现了文化反哺的现象。

从我国当前的社会变迁特点出发，学者谢维和提出了对学生身份的新

---

1 F·马赫列尔. 青年问题和青年学 [M]. 陆象淦，译. 北京：社会科学文献出版社，1986：144–145.

2 金国华. 现代青年学 [M]. 北京：中国青年出版社，1989：224.

的看法，即认为学生不是等待进入成人文化的"边际人"，而是"年轻的成人"。"它的基本含义是：一种尚未成熟的社会正式成员。（应该指出的是，这里提出的'年轻的成人'主要是对中学生，特别是初中高年级学生和高中学生而言的。而对小学生来说，更多地仍然应该根据'边际人'的规定进行分析和研究。）"[1] "年轻的成人"有两重含义。第一，应认识到学生的独立性和自主发展能力，认识到学生的文化对成人文化的建构作用，将其视为"成人"，平等对待他们。第二，学生尽管是"成人"，但他们还只是"年轻的"成人，他们在诸多方面还存在不成熟之处，仍需要成人的指导和指引。"显然，这样一种关于青少年或青少年学生的社会地位的设定，在现实社会中能够比以往的'边际人'的理论更好地解释各种青少年或青少年学生的行为和现象。而这种'年轻的成人'的理论设定之所以能够具有更大的解释力量，很重要的就在于，这种理论设定改变和修正了过去'边际人'理论对青少年或青少年学生发展过程中基本矛盾的规定。不难看到，由于'边际人'概念的基本含义，它认为，青少年或青少年学生在发展过程中的基本矛盾主要是自身不足与外部社会之间的矛盾，或者说，是内与外之间的矛盾；而'年轻的成人'的理论设定，却使我们发现，青少年或青少年学生在发展过程中的主要矛盾已经在一定程度上变成了自身内部的矛盾，即自己的社会责任与自己本身尚不成熟之间的矛盾。"[2]

关于学生的主体性问题一直是教育界十分关注的问题。从青少年学生作为年轻的成人的角度去看对青少年学生的教育问题，学生的主体性具有了新的含义。作为年轻的成人，青少年学生发展中自身内在的矛盾愈加凸

1 谢维和. 教育活动的社会学分析——一种教育社会学的研究 [M]. 北京：教育科学出版社，2000：129.

2 同1：132.

显。他们的主体性应该表现为青少年学生的自我调控、自己赋予自己活动的意义、自我超越以及成为自己的主人等。如何认识青少年的地位、如何处理与青少年学生的关系、如何进行教育教学改革等，都成为教师需要密切关注的问题，引发着教师专业行为的变化。在这些变化中，蕴含着教师专业伦理问题。

二、中学场域中多种交往关系的伦理特殊性

（一）中学师生交往关系的特殊性

关于师生关系的探讨已经形成了较为丰富的理论，关于师生关系性质的认识，形成了不同的观点，典型的观点如认为师生关系是一种社会关系，是一种心理关系，是一种人际关系等。

关于师生间的社会伦理关系，普遍认为，教师和学生都是社会的一员，都要遵守一定的社会伦理原则，承担一定的社会责任，也享有一定的道义权利。教师和学生之间构成的这种特殊的道德责任和道德权利关系，就是师生之间的社会伦理关系。师生关系虽然是师生之间在教育情境中建立起来的关系，但是受到社会道德规范的影响和制约，需要遵守一定的社会伦理要求，从而保持自身的伦理结构。师生社会伦理关系是根据一定伦理规范解决教育内部伦理矛盾的结果，既是伦理规范的具体体现，又是教育系统解决自身伦理矛盾的手段。研究者认为，师生伦理关系大致呈现三种状态：专制型、放任型和民主型。

以上关于师生关系的伦理研究，从一般意义上提示了师生伦理关系的特点和重要性。但基于学段的不同，研究者对师生交往伦理的不同也进行了揭示。

1. 中学学段与小学学段相比，师生交往的差异

对小学与初中师生关系的差异，研究者发现：小学教师在师生关系的建立中起主导作用。刚入学的儿童，几乎都对教师充满了崇拜和敬畏，教师在儿童心目中是绝对的权威，教师要求他们做到的一切，他们几乎都无条件地服从，教师的要求甚至比家长的话更有效果。有关调查发现，84%的小学儿童（低年级小学儿童为100%）认为要听教师的话，并且常以教师的是非标准为自己的是非标准。在这个时期，师生关系比较平稳，儿童对教师的绝对服从心理有助于他们很快学习、掌握学校生活的基本要求。

从三年级开始，随着同伴交往的增多，特别是随着年龄的增长，儿童的独立性和评价能力也随之增长，儿童无条件地信赖、服从教师的程度有所下降，他们对教师的态度开始变化，开始对教师作出评价，对不同的教师也表现出不同的喜好，对于满意的教师表现出亲近，并报以积极反应，对于不满意的教师表现出疏远或反抗。在这个时期，师生关系出现了不平稳状态，教师的权威地位开始受到挑战。

小学儿童最喜欢的教师往往是讲课有趣、平和开朗、严格、耐心、知识丰富、尊重学生、能为学生着想的教师。

中学生的师生关系仍然部分保持着与小学生类似的冲突性和亲密性的特点，但有所不同的是，随着中学生心理发展水平的不断提高，尤其是自我意识的发展，中学生的师生关系表现出回避性和依恋性的特点，这反映出中学生人际交往的独立性和依赖性、自觉性和幼稚性、开放性和闭锁性等两极性特征，体现出他们既希望依恋教师，又希望表现自我独立的内心矛盾。当然，中学生师生关系的依恋性不同于幼儿和小学生，中学生对教师的依恋是中学生向师性的体现，其内容更加深刻、丰富，主要表现为对

教师的敬佩、钦慕和积极关注等。[1]

2. 中学学段不同时期师生交往的差异

师生交往的差异不仅表现在中学学段与小学、大学学段的不同。在中学学段不同年级，也有不同的表现。因为中学时期是青少年学生身心迅速发展的时期。"在中学师生关系的研究中，都提到了一个问题：中学师生关系在初二和高二特征明显。有学者研究显示：从初一到初二，中学生与父母和教师的交往水平明显下降，在进入高中后有所改善；但师生交往水平在度过初二以后一直处于较低水平，虽出现波动，但在高二时期呈现下滑趋势。""对中学师生关系的调查研究也证实了这一点，初二和高二学生中，矛盾冲突型师生关系所占人数比例最高，亲密和谐型师生关系人数最少，且初二学生中疏远平淡型师生关系的人数最多。"还有研究发现，"初二学生的亲密型师生关系比例最少"。[2]

3. 教育对象的特殊性引发师生交往伦理调整的必要性

首先，前文提到，中学生不同于小学生，也不同于大学生，即使在中学阶段，不同年级的中学生在师生交往方面表现出不同的特点，因此，中学阶段师生交往需要考虑青少年学生的身心发展特点。例如，在师生交往中，对教育活动中师生之间权威与服从关系的反思，对课堂中或课堂外教师的微观权力运作的清晰意识，对教师的关怀伦理与公正伦理的思考等。其次，基于前文对于学生是"年轻的成人"的理解，教师在师生交往中，如何处理好"成人"与"年轻的成人"之间的交往，如何发展学生内在自主，这些都需要教师基于学段、青少年学生的特点，对师生交往伦理进一步澄清。

---

1 王大顺，张彦军.发展与教育心理学［M］.西安：陕西师范大学出版社，2015：83-85.

2 赵红革，孙春燕，贾敏.师生关系探究［M］.青岛：中国海洋大学出版社，2017：6.

（二）中学家校交往、教师同侪交往关系的特殊性

中学阶段，学生的学业任务增多。初中和高中阶段，教育的筛选和选拔功能表现得更为突出。因而教师、学生、家长都承担着较大的压力，家校交往之间针对学业问题的交流与沟通增多。而中学生对于自我学业的了解、评价都具有重要意义，但中学生在家校交往中常常缺席。此外，中学家校交往中，针对中学生文化问题进行的交往是重要的，但却被忽视。上述特点表明，中学家校交往具有学段特殊性，教师如何处理与家长的关系、如何面临学生在家校交往中的地位、如何关注学生文化问题进行家校交往等，都是重要的课题，要求教师具有专业的处理能力。

另外，中学教师同侪交往也具有特殊性。同侪之间的竞争和合作都更为凸显，也都显得尤为重要。一方面，面对考试筛选选拔的压力，同侪之间的竞争比其他学段都表现得更加明显。良性的竞争有利于教育教学效果的提升，但是不良的竞争，如对教学经验保守封闭、不加强沟通与合作，将恶化教学生态。另一方面，教师之间的合作在中学阶段也显得突出。教师劳动的本质是个体劳动与集体劳动相结合。对学科专业知识、学生成长问题、师生交往、家校交往等问题，同侪之间的互助、合作更有利于推进教育教学活动和教育问题的解决。

三、中学是教育改革最敏感环节

（一）教育改革带来中等教育领域诸多变化

为促进学生的发展，基础教育领域进行了多次课程改革。中华人民共和国成立以来，我国基础教育领域至少进行了 8 次课程改革。课程改革涉及课程目标、课程内容、教材变革、教学方法理念变革等，是一项系统性

工程。关于课程，近年来，初中与高中教学，均修订课程标准，改革教学内容、培养目标、教学方法。

小学阶段作为基础教育的重要起始环节，也同样进行着教材改革、教学新方法新理念的探索，但相比而言，家长、社会大众将更多目光投向中等教育领域，尤其是其中的考试环节，中考、高考成为社会成员十分关注的环节，其中又尤以高考为重。考试不是教育的主要目标追求，但考试在教育环节中对学校教育活动的引导、对教师教育理念的更新和教学方法等方面的挑战不得不谓之巨大。关于考试改革，例如，2016 年，教育部启动了新一轮中考改革，推行初中学业水平考试，实行毕业考试和升学考试"两考合一"。2019 年教育部印发《关于加强初中学业水平考试命题工作的意见》，提出要取消初中学业水平考试大纲，严格依据义务教育课程标准命题，不得超标命题。2014 年，国务院印发《关于深化考试招生制度改革的实施意见》以来，截至目前，全国已有 14 省市进入高考综合改革试点。2014 年开始的这一轮新高考综合改革，特别是考试内容的改革，是从"考知识"到"考能力"、从"解答问题"到"解决问题"的转变。2019 年 6 月，国务院办公厅印发《关于新时代推进普通高中育人方式改革的指导意见》指出，"实施普通高中新课程的省份不再制定考试大纲"，这意味着考试大纲将在全国范围内取消。

（二）教育改革对教师专业伦理提出新的课题

综上可见，教育领域的改革一直在持续，近年来改革变化的力度加大。对于改革，要求教师对此做出回应，改进教学和学生培养等，教育改革对教师职业生活带来较大的动力，也是巨大的挑战，对教师专业伦理提出新的课题。例如，面对课程改革、教材革新，教师在教学中如何以专业的教学促进学生核心素养的提升？这是需要教师重新思考的问题。教学中产生的对新课程改革的理解、对新教材的学习、对学生的课堂有效互动等都是教师教学伦理的新课题。又如，在新高考选科走班的背景下，行政班逐渐淡化，如何与学生进行有效沟通，如何密切关注到学生道德发展状况，找到学生发展的迫切之处，走班制背景下学生的成就感和归属感问题等，都是师生交往伦理的新课题。再如，新的改革意味着新的尝试，在这样的探索中，教师集体劳动的意义和价值更加凸显，同学科教师的互助、不同学科教师对走班下学生的管理协力等，同侪互动伦理问题也随之有了新的变化。此外，新的改革带来各种挑战，教师要面对新的理念产生教育活动的革新，而探索中诸多的不确定性和尝试性，也给教师带来了不少压力和新的困难，在这样的状态下，教师如何对待自我，是教师对自我伦理的重要问题，影响着教师的职业幸福感和职业发展动力。

在当前教育改革进一步推进，许多新的改革措施一步步开展的情况下，教育改革在中学领域中的变化较为明显，对学生产生的影响，以及社会的关切度也非常高，而教育改革真正落地，实施环节在于教师。因此，中学阶段对教育改革最为敏感，也需要教师做出及时有效的回应。从教师专业伦理来看，中学教师的教学伦理、师生伦理、同侪伦理、对自我的伦理等伦理问题都遇到了新的需要探索的方面。

❙ 第二节　中学教师专业伦理建设的必要性 ❙

一、教师专业伦理自身发展的要求

教师专业伦理强调从教师的"专业"角度出发，并以"服务"为宗旨，"自主"去构建教师专业伦理规范。学者徐廷福基于我国传统师德在生成方式上存在身份伦理和个体经验来源等特点，认为这使得"传统师德存在职业特点不明显和代表性不强等弱点，实现从身份伦理向专业伦理，从经验方式向理论方式的转换，注重教师专业伦理的系统性、可操作性，才能科学合理地构建我国的教师专业伦理，并且认为构建教师专业伦理应突出'专业'和'服务'两个理论"[1]。

由此可见，教师专业伦理应凸显专业性、服务性和自主性三大特点。其中，专业性是指专业具有职业所不能替代的性质和特点。随着教师专业发展的深入，教师专业伦理建设的深化，教师专业伦理的专业性，不仅仅表现在它与其他职业相比所具有的专业特性，还表现在教育内部的专业性。即考虑教师的不同工作对象、不同的教育特点、不同的人际关系，针对性地进行专业化的教师伦理建设。而这种不同性会在多个层面有所反映，也因多种因素的影响带来不同。其中最重要的不同在于不同学段的差异带来的不同。因此，教师伦理的专业性，应尤其关注学段的差异性，从教育活动内部构建专业性的教师伦理。这是教师专业伦理的专业性的新内涵。

教师专业伦理的专业性内涵的丰富，会随之带动其服务性、自主性这两个特性的深化。服务性，是基于专业目的，在于提供专门性的社会服务，教师专业服务水平低，势必会影响教师队伍形象与教师专业化水平。教师要实现专业化发展，必须以"服务"为理念，服务于教育实践，服务于所培养的对象。自主性，是教师应将专业活动中获得的体验主动内化到教师内心，并能将这种内化于心的体验自觉运用到教师专业活动中去。如

1　徐廷福. 教师专业伦理建设探微［J］. 教育评论，2005（4）.

果从专业性角度为不同学段的教师提供教育活动的伦理原则，这会使得教师在专业活动中在处理与学生、家长、同事、领导以及专业团体的关系时，以专业、服务和自主为理念，以完善专业服务，维护专业声誉为目标。如果忽视中学教师工作特点、工作内容、工作对象以及工作目标的分析，忽视中学教师专业伦理在教育实践中的独特性和重要性，中学教师工作的自主性、专业性、服务性都将受到影响。因此，我们需要用基于中学学段的特点，通过中学教师专业伦理来规范中学教师在专业活动中的意识与行为，通过以专业、服务和自主为理念来完善专业服务、维护专业声誉和专业尊严。

二、教育活动的现实要求

在教育活动中，教师专业伦理会遇到一些困境。教育活动的有序、专业化的开展，对教师伦理的专业化提出了现实的要求。瑞典教育学者科尔纳德（Colnerud）在 20 世纪 70 年代就曾指出：“探讨教学工作和专业道德的最好方法，就是研究教师与专业生活中的重要他人（如同事、家长和学生）互动时所遭遇的道德冲突。”在教育活动中，教师在各种互动关系中的道德冲突不尽相同，教师的专业服务意识与方法不同。而这些不同，在不同学段也有学段的特殊特点，解决的方法也有所不同。例如，中学阶段，在“关爱学生”方面，部分教师专业服务意识薄弱，最突出的表现——有的老师在训导学生时，会采取体罚或者变相体罚，甚至有少数老师有时对学生进行侮辱人格性批评和指责。在家校沟通方面，教师与家长缺乏正确的沟通交流方式，教师训斥家长，甚至有极少数教师接受家长的送礼。在同事关系方面，部分教师之间往往会因为利益而各自为营。在这种显性和隐性竞争的共同作用下，同事之间出现不和谐的音符，最终影响到教师专业团体内部的团结和稳定。此外，还存在着教师的自我成长动力不足、专业情意缺失等问题。类似这样的困境，似乎在每个学段都存在。然而问题的具体表现、问题产生的原因，以及解决问题的方法，因为不同学段面对的教育对象、需要解决的主要矛盾、需要完成的教育目的，以及自反性视察教育系统内部作为一种组织其特殊性等因素都需要列入考量。

因此，现实的教育情境的复杂性与特殊性，要求教师伦理专业化。不同学段有其具有特殊性的教育伦理问题，也有看似相同的教育伦理问题，但需要用不同的视角来分析和解决。基于学段的各种特殊因素的考量，为中学教师的专业伦理建设提供方向，才能使不同学段的教师，在面对不同的教育问题，或者看似相同的教育问题的时候，有更具有针对性的看待问题的视角和解决问题的方法，从而提高教师的专业伦理能力。

三、新时代的要求与教师专业伦理建设现状的矛盾

加强师德师风建设，一直是国家、教育界不遗余力强调的重点。近年来，在师德师风建设方面，国家出台了多个相关文件，地方行政部门及各地教育部门也推出了相应的举措。

目前，对中学教师专业伦理活动起规范和约束的且较为权威的政策有《中小学教师职业道德规范》和《中学教师专业标准》，两者在一定程度上对我国教师专业发展起到了很大作用。然而，在某些方面，两者自身均存在一些值得商榷的问题。现行由教育部颁布的《中小学教师职业道德规范》（下简称《规范》）包括了"爱国守法、爱岗敬业、关爱学生、教书育人、为人师表、终身学习"这六条规范。有学者指出："我国现行的教

师职业道德规范存在模糊性、空泛性等特点，虽然在这六条条款之后多做了相应的阐述，但是教师在面临道德两难的困境时仍然无法找到相应的解决策略，只能依靠自己的经验。"[1] 第一，《规范》对于教师专业独特性体现不明显。譬如"爱国守法""爱岗敬业"这两项条目也适用于其他专业。第二，《规范》实际操作性不强。《规范》语言表述过于笼统，这就可能会让部分教师无法对自己的专业活动进行有效的诊断、比较和提升，更谈不上准确把握和有效地执行。第三，教师专业权利与义务失衡。《规范》中对教师义务的要求要高于教师权利的赋予，教师自然权利不仅得不到维护，在很大程度上还超越了应有的边界。此外，我国现行的《中学教师专业标准》包括教师专业理念与师德、教师专业知识以及教师专业能力三大维度，在教师专业理念与师德这一维度中又分别从职业理解与认识、对学生的态度与行为、教育教学的态度与行为以及个人修养与行为四大领域对教师提出 18 项基本要求。其中，教师专业理念与师德这一维度则是教师专业伦理精神的体现。无论是在领域划分上还是在语言表述上，《中学教师专业标准》较之《规范》对教师专业伦理理念与行为的基本要求更为全面、具体。但是，总体概括仍较为笼统，缺乏可操作性。

可见，现行中学教师职业道德规范还存在模糊之处。尽管以"中小学""中学"等关键词表明了其针对的学段的特殊性，但学段特点较为模糊的规范，对各学段特点的把握和反映并不够明显。

2018 年可称为教师队伍建设重要之年。新年伊始，中共中央、国务院印发《关于全面深化新时代教师队伍建设改革的意见》。9 月教师节之际，党中央召开新时代第一次全国教育大会，确立教育是"国之大计、党

1　李春晓. 加强教师专业伦理建设的迫切性及策略探析［J］. 现代教育科学，2012（2）.

之大计"的优先发展战略，明确教师是"立教之本、兴教之源"。习近平总书记在重要讲话中，将教育事业发展的成功经验概括为"九个坚持"，其中第九条就是"坚持把教师队伍建设作为基础工作"，要求我们"始终坚持并不断丰富发展"。正是从教师队伍建设这项基础性、全局性工作的职业行为基本准则入手，教育部及时出台、同步执行《新时代高校教师职业行为十项准则》《新时代中小学教师职业行为十项准则》《新时代幼儿园教师职业行为十项准则》（下简称《准则》）三个文件。顾名思义，《准则》是全国各级各类学校、幼儿园和教育机构全体教师、教育管理者与教辅工作者在履行教书育人岗位职责的全过程都要遵循的道德规范、专业操守和行为准绳。2018年11月14日，教育部颁布的《准则》覆盖大、中、小、幼、职、特教育全系统全领域，涵括教师职业行为全方位全过程，以落实《中共中央国务院关于全面深化新时代教师队伍建设改革的意见》为指南，以落实全国教育大会精神为统领，组织动员全国1600万教师，弘扬师德、优化师风、规范师行，着力奋进之笔，浓墨重彩书写新时代教师队伍建设改革的华彩篇章。《准则》的颁布，是新时期国家进一步加强教师职业道德建设的重要举措。这一《准则》，突出的特点是分门别类地对大学、中小学、幼儿园教师制定了基于学段的行为准则。其中，中小学教师职业行为准则是："坚定政治方向、自觉爱国守法、传播优秀文化、潜心教书育人、关心爱护学生、加强安全防范、坚持言行雅正、秉持公平诚信、坚守廉洁自律、规范从教行为。"然而，比较高校教师职业行为准则与幼儿园教师职业行为准则，都是十项准则，在其涵盖的总体方面和内涵表述略有不同，但总体几乎一致。

2019年12月，教育部等七部门印发《关于加强和改进新时代师德师风建设的意见》的通知。文件指出："经过5年左右努力，基本建立起完备的师德师风建设制度体系和有效的师德师风建设长效机制。教师思想政治素质和职业道德水平全面提升，教师敬业立学、崇德尚美呈现新风貌。教师权益保障体系基本建立，教师安心、热心、舒心、静心从教的良好环境基本形成，师道尊严进一步提振。全社会对教师职业认同度加深，教师政治地位、社会地位、职业地位显著提高，尊师重教蔚然成风。"

师德建设的重要性进一步得到强调。贯彻文件精神，真正提高教师专业伦理水平，需要完善教师专业伦理建设的内容，改进教师专业伦理建设的途径。而当前的教师专业伦理的规范伦理建设，与社会的现实需要之间存在不匹配之处，不能很好地回应社会的发展提出来的新要求和新课题。

由此可见，我国关于规约教师专业活动的行为准则还处于不成熟阶段。更为值得关注的是，中学教师专业伦理规范的缺失也造成了教师培养体系中教师专业伦理教育的空白。在教师教育体系中，我国教师专业伦理教育一直处于边缘化。伊丽莎白·坎普贝尔在其《伦理型教师》的英文版序言中写道："伦理知识是专业知识中最重要但被忽视的方面之一。教师教育和教育政策非常强调教师提高知识水平，这将使他们更加胜任专业工作。……但是，令人惊奇的是，几乎没有人注意到伦理或道德的知识。教师需要运用这种知识理解专业判断和指导他们与儿童、同事和其他人建立关系。"

从教师专业伦理体系自身的发展、现实教育活动的要求，以及社会发展的需要与教师专业伦理建设的矛盾可以看出，改变"一锅煮"的教师专业伦理建设，开展基于学段的教师专业伦理建设具有很强的必要性。

第三章 教师专业伦理比较研究

不同国家和地区的教师专业伦理有共性也有不同之处。教师专业伦理要求，通过相应的伦理规范表征出来，也会通过职业道德文化进行表征。因此，本研究重点通过教育隐喻、教师隐喻来比较中外教师职业道德文化差异，由此管窥教师专业伦理的差异。此外，作为一衣带水的近邻，日本的教师道德形象的演变及其所体现的教师专业伦理要求，可对我国的教师专业伦理建设带来些许启示。

教师职业道德是教师素质中核心部分之一，各国历来重视教师职业道德建设。由于各国文化传统、社会现实等差异，对教师职业道德要求既有共性又有差异。这种共性或差异会表现在文化、思想等方面。从中外关于教师的隐喻可以管窥社会对于教师职业道德的期待和要求。

一、隐喻、教育隐喻与教师隐喻

（一）隐喻的含义

"'隐喻'一词来自希腊语的 metaphora，其前缀 meta 的意思是'超越'，而词根 pherein 的意思是'传送'，因此，隐喻的基本词义就是把一个对象的诸方面'传送'或'转换'到另一个对象上去，以便使第二个对象似乎可以被'说'成是第一个对象。"[1] 历史上第一位对隐喻现象进行系统论述的是亚里士多德，他在《诗学》中说："隐喻"是用一个陌生的名词替换，或者以属代种，或者以种代种，或者通过类推，即比较。隐喻最初是一种语言现象，是一种修辞方式，由本体与喻体组成。它是把两个相近或者是类同的事物进行比较，用此事物的意义去诠释彼事物的内涵，从而使后者更直观、更形象地被人们理解。随着人们对隐喻研究的深入，它已经突破了单纯的语言现象的范围，是人类认知和互动过程中的一种话语现象。"隐喻不仅是一种诗的特性，不仅是语言的特性，它本身是人类本质特性的体现，是人类使世界符号化即文化的创造过程。隐喻不仅是诗的

1　石中英.教育学的文化性格［M］.太原：山西教育出版社，2005：167.

根基，也是人类文化活动的根基。隐喻不仅是语言的构成方式，也是我们全部文化的基本构成方式。正像隐喻总是超出自身而指向另外的东西，它使人类也超出自身而趋赴更高的存在。"[1] 因此，隐喻也是一种文化现象，是人类认知和建构世界的一种思维方式。这种思维方式具体表现为由旧知向新知的扩展，由已知向未知的延伸和渗透。人类日常生活中充满了隐喻。

东西方文化中都有重视隐喻的传统。中国传统文化充满人文性，具有"喻"和"象"的特征。例如中国文字是"象形""借喻"文字，具有鲜明的"指物性"，因为有了"喻"和"象"，中国文化的魅力和生命力更加丰富。因此，"喻"是中国文化中的一个重要思维范式。《诗经》的三种表现手法是"赋、比、兴"，"比"列其一。诗教强调"比兴"，易教强调"取象"，儒家"能近取譬"，佛家"借喻悟道"。西方人文教育传统也重视"喻"的作用。亚里士多德曾指出隐喻的"奥妙无法向别人领教，善于运用隐喻是一种极有天赋的标志；能够出色地运用隐喻，意味着具有观察事物相似点的知觉力。怪异的词语只能使我们迷惑不解；常规的词语只能传达我们已知的东西，正是通过隐喻，我们才能最好地把握一些新鲜事物"[2]。柏拉图在《理想国》中也运用了隐喻，"洞穴中的囚徒"就是为人们所熟知的隐喻之一。

（二）教育隐喻与教师隐喻的含义

1. 教育隐喻

分析哲学代表人物谢弗勒在其《教育的语言》一书中指出，教育语言

1　耿占春.隐喻［M］.北京：东方出版社，1993：5-6.
2　亚里士多德.诗学［M］.陈中梅，译注.北京：商务印书馆，2017：158.

主要由三种形式构成：教育术语、教育口号、教育隐喻。"教育隐喻有狭义和广义之分，前者是指关于教育的隐喻，具体而言是人们运用隐喻性思维解释教育事实，描绘教育理想的认知活动与语言现象；而后者则指在一切教育活动过程中所开展的隐喻认知与所使用的隐喻语言。"[1] 本文主要从狭义的教育隐喻出发研究教师隐喻。

教育隐喻在东西方教育传统中普遍存在，人们常常用自然现象、社会现象和其他现象或活动来比拟教育现象与活动，以阐明对于教育问题的理解和思考。教育隐喻可以帮助人们创造性地解读教育概念。不同的教育隐喻蕴含着人们不同的教育理念。教育隐喻的类型很多，有的用来说明教育活动与其他活动或其他事物的相似关系，有的用来说明相同关系；有的教育隐喻的本体与喻体之间的关系是明晰的、直接的，而有的本体和喻体的关系是模糊的、抽象的；有的隐喻在一定程度上消匿了喻体。

例如，中外关于教育的隐喻有：

"玉不琢，不成器；人不学，不知道。"——《礼记·学记》

"善问者，如攻坚木，先其易者，后其节目""善待问者，如撞钟，叩之以小者则小鸣，叩之以大者则大鸣。"——《礼记·学记》

"朽木不可雕也。"——《论语·公冶长》

苏格拉底将"产婆术"用于教育中，将教育视为思想的接生。

柏拉图用"洞穴中的囚徒"隐喻，以说明"教育非他，乃心灵的转向"。

夸美纽斯说："我们是上帝的天国所拔掉的树木，但是根柢仍在，一

1　吴卫东.教育隐喻：一种认知与语言视角的诠释 [J].人大复印资料·教育学，2011（4）.

旦上帝的仁慈给了它们以雨露和阳光，它们就仍可以再生。"树木、雨露、阳光等都是重要的教育隐喻。

洛克认为人的心灵如同一块白板。

2. 教师隐喻

教育活动的主要要素包括：教育者、教育对象、教育内容等。教育隐喻包括了教师隐喻、学生隐喻、教学隐喻、课程隐喻等方面。教师隐喻是教育隐喻的一支。人们常常把教师的活动与其他领域的活动或事物进行比较，以此形象地说明教师活动的特点，这即是关于教师的隐喻。例如："教师是人类灵魂的工程师""教师是蜡烛，燃烧了自己，照亮了别人"……教师隐喻既反映了社会对于教师角色和素质的要求与期待，同时也是教师进行自我反思、发展自我的重要依据。

二、从中外"教师隐喻"管窥教师职业道德文化

隐喻作为语言现象，它反映、蕴含着丰富的文化特性。不同的社会结构、经济形态和文化观念会导致生活于其中的人们形成不同的隐喻。尽管中外教师隐喻有不同的形式，但在其所表达的对教师职业道德的期待和要求中，又具有许多相同的文化内涵。

（一）隐喻中的"教师职业地位"

教师的产生是社会生产力发展和社会分工的结果。教师在人类文明传承过程中发挥重要的作用。中外关于教师的隐喻，都表达了对教师职业地位的认识和期待。

我国有着尊师重教的悠久传统，自古以来教师便被视为神圣而崇高的

职业。在儒家文化的影响下，教师被喻为圣人，是礼的化身、道的代表、德的典范。例如，"天降下民，作之君，作之师"，把"师"的地位与天、地、君、亲并称，可见教师地位之高。又如，汉代文学家扬雄称"师哉！师哉！桐子之命也""师者，人之模范也"。"桐子"之"桐"通"儿童"之"童"，意味着教师与儿童的发展息息相关。从以上我国古代关于教师隐喻例举可以看出人们对教师职业的期待——教师职业具有很高的社会地位，被视为非常崇高的职业，教师应该是学生成长的楷模。这种对于教师的道德期待在中国文化中逐渐被固化和延传下来，它充分体现了中华民族古老而悠久的尊师的优良传统和美德。

例如，我国传统文化对师道尊严的阐述有：

"天地者，生之本也；先祖者，类之本也；君师者，治之本也。"

——《荀子·礼论》

"国将兴，必贵师而重傅；国将衰，必贱师而轻傅。"

——《荀子·大略》

"言不称师谓之畔（叛），教不称师谓之倍（背）。"

——《荀子·大略》

在西方，教师职业具有悠久的历史。人们关于教师的多种隐喻，也展现了对教师职业地位的理解和期待。例如，苏联教育学家加里宁强调教育在培养学生性格和道德上的重要性时指出："很多教师常常忘记他们应当是教育家，而教育家也就是人类灵魂的工程师。"[1] 早在 17 世纪，捷克教

1　加里宁. 论共产主义教育和教学［M］. 北京：人民教育出版社，1957：186.

育家夸美纽斯将教师比作高明的雕塑家。英国教育家沛西·能认为教师是塑造学生性格、沟通学生思想的搬运夫。苏联教育家苏霍姆林斯基将学校比为精致的乐器，它奏出一种人的和谐的旋律，使之影响每一个学生的心灵——但要奏出这样的旋律，必须把乐器的音调准，而这种乐器是靠教师、教育者的人格来调音的。他在《给教师的建议》中对教师说："要记住，你不仅是教课的教师，也是学生的教育者，生活的导师和道德的引路人。"[1] 从这些教育家对教师职业的隐喻可以看出，西方教育家关注到教师对学生成长的重要影响，指出教师是"人类灵魂的工程师""太阳底下最光辉的职业"，教师是"搬运夫""调音师"，影响着学生心灵的成长。

尽管在中西方的教育发展史中，教师职业的现实地位并非一成不变，在一定历史时期，教师职业的现实地位比较低下，而在一定时期，教师又具有非常高的社会地位。从教师隐喻来看，人们对教师职业常常有着正面的、较高的认识和期待。从传统沿承至今，在中西方文化中，对教师职业的观点中，人们常常认为教师具有较高的声望和社会地位。而对教师的权威、崇高与神圣地位的隐喻，又引领和约束着教师的职业行为，规约着教师在此文化范式下的职业道德，使得教师必须注重以良好的教师形象和教师职责去维护教师职业地位与声誉。因此，隐喻中对教师职业声望与职业地位表达着人们对教师职业素养的期待，这种期待，反过来又成为现实中教师进行职业活动的重要准绳。教师应当在文化的规约中开展各种活动，修炼师德，使之符合合理的社会期待与要求。

（二）隐喻中的"教师职业精神"

随着社会分工的发展，人们以不同的工作方式生存，不同的工作方

1　苏霍姆林斯基.给教师的建议（上）[M].北京：教育科学出版社，1980：97.

式要求不同的工作精神，就形成了特定的职业精神。职业精神与人们的职业活动紧密联系。每一种职业都有其内在的职业精神，教师作为一种专门的职业，也同样有其职业精神。教师职业精神指的是教师在职业活动过程中所应具有的职业特征，它是教师在对职业理性认识的基础上，所形成的职业理想、职业态度、职业责任、职业情感等，是一种对职业的敬仰、热爱、负责的精神。

由于教师职业工作的性质，教师职业表现出特殊性。这种特殊性与教师劳动的特定对象、主体、目的、内容、手段、方式等因素密切联系，具体而言，教师职业特殊性源自：教师劳动的对象是成长中的学生，教师对学生的影响巨大，而学生的成长又是不可逆的过程；在教育教学活动中，教师是教的主体、学生是学的主体，教育活动必须发挥双方的主体作用；教育过程中必须采用合理、有效的手段促进学生健康成长。因此，教师的职业精神对其教育活动的开展与教育质量的高低有重要影响。教师职业精神是教师职业道德中至关重要的构成要素。

不同的职业在很大程度上都要求从业者具有爱岗、敬业、奉献的精神。然而，教师这一职业对从教者的爱岗、敬业、奉献精神的要求尤为突出。中外"教师隐喻"中都反映了对教师爱岗、敬业、奉献精神的要求和期待。教育活动是人与人之间的活动，教师只有热爱自己的职业、热爱学生，才能主动发挥工作热情，提高教育教学质量，让学生健康全面发展。在对教师职业精神的隐喻式表达中，中外隐喻都从不同角度和层面表达了对教师的奉献精神的要求和期待。例如，中国的教师隐喻中为人所熟知的有："教师是蜡烛，燃烧自己，照亮别人"，突出了教师对职业呕心沥血、奉献和牺牲的精神；"教师是春蚕""教师是孺子牛"，突出了教师的勤勤恳恳、敬业、踏实、苦干的精神。其他国家的教师隐喻，同样从教师对学生所产生的重要影响角度突出了教师的职业精神。教师职业的特点要求教师具有敬业、负责的精神。

例如，中外关于教师职业精神的隐喻有：

"春蚕到死丝方尽，蜡炬成灰泪始干""甘作春蚕吐丝尽，愿化红烛照人寰"。

夸美纽斯曾言：蜡烛照亮了别人，毁灭了自己，它的毁灭是光荣的！我愿意做一支两头点燃的蜡烛，照亮更多的人。

人们对教师职业的要求和期待，通过隐喻表达出来。隐喻形象、生动，使人们易于理解教师职业精神。不同国家不同的隐喻方式，都表达了同样的职业精神内涵。教师在教育教学实践活动中，自觉或不自觉地以这些形象的隐喻来指引教育工作，践行着教育职业的要求。教师职业强调爱心、奉献的精神，教师在职业活动中，对待职业的敬业、负责、奉献态度，既能影响教育教学效果，又能潜移默化地对学生人格和道德品质的塑造起重要作用。

（三）隐喻中的"教师专业形象"

1. 在教育教学活动方面：学生成长的引导者

传统教育理念中，存在着将学生视为被动接受知识的容器，教师对学生具有绝对的主导与控制权的教育观。随着"儿童"的"发现"，人们日益认识到学生在学习活动中的主动性、自觉性，注重发挥学生的主体作用。当然，这并不意味着教师的作用就丧失了。教师作为成人，在学生成长中仍然应当发挥其应尽的主导作用。因此，人们逐渐形成的共识是，教师与学生同是教育教学活动的两大主体，教师是教的主体，学生是学的主体。教育教学活动是主体间的活动。从中外关于教师的隐喻可以看出，在不同的文化背景下，人们都从不同的角度认识到教师对学生成长的引导作用。例如，不少隐喻将教师喻为"开启知识宝库的钥匙"，是"知识的源泉""引路人""知识海洋的航标灯""指南针""路标""播种机"等。

2. 在师生关系方面：关爱学生、师生平等

一方面，学生作为未成年人，在学校生活中需要得到教师的关爱和呵护。然而在传统教育中，以及当今部分不合理的教育行为中，教师由于其拥有的权威地位，存在着对学生进行不合理的惩罚而对学生的身心造成伤害的情况。教师关爱呵护学生成长的专业素养非常重要。另一方面，在师生地位方面，对师生之间平等地位的认识和践行也是一个逐渐发展和完善的过程。人们逐渐抛弃以往教师绝对权威、学生绝对服从的认知，认识到教师和学生之间在教育教学活动中都是平等的主体，是具有各自独立性的主体，因此，教师在与学生交往过程中，应尊重学生的主体地位，以平等的方式进行沟通交流。中外"教师隐喻"中，都表达了人们对于教师的良好职业素养的理解和期待。例如，将教师喻为"辛勤的园丁"，"耕耘、浇水、施肥"，呵护"花朵"的成长。在师生关系方面，将教师喻为学生的家长、朋友等，如"一日为师，终身为父""教师是学生的朋友"等。

3. 在教师自身发展方面：个体存在与反思成长

近现代以来，随着时代的变迁，文化也在不断发展和变化中。人们对于教师的道德期待也在不断更新。反映在关于教师的隐喻中，人们开始逐渐用多元化的隐喻来形容教师的职业素养，这些隐喻从不同方面展现出社会对于教师的要求和期待。中外"教师隐喻"新的内涵在于注重教师的个体存在与反思成长。例如，用"蜡烛"喻指教师，反映了人们对教师的奉献精神的赞扬。人们反思"蜡烛"精神，认为教师的奉献精神在当今仍

然是教师职业素养中非常重要的方面，但教师如果仅仅是蜡烛，则过于强调奉献而忽略了教师自身的存在，而且"蜡烛"会燃烧自己，教师如果仅仅"燃烧"就失去了成长的可能。因此，在反思以往对教师职业素养的期待中，人们逐渐更新了认识。既坚持了已有思想中积极、合理的一面，又为其充实了新的内涵。例如，人们又用"太阳"来喻指教师，认为教师在照耀学生的同时，自身不断发光发热。"教师是长明灯"，不会熄灭，给人温暖。

随着对教师发展的深入认识，人们又用"反思性实践家"来喻指教师，指出教师不是单纯的教书匠，而应当在反思中不断成长。日本教师形象的类型被划分为"作为公仆的教师""作为劳动者的教师""作为技术熟练者的教师""作为反思性实践家的教师"。"作为反思性实践家的教师"是抵抗"技术熟练者教师"的文化而形成的教师形象。这种教师形象把教师工作界定为高度专业化的职业，它不是依据科学知识，而是求之于通过实践情境的省察与反思而形成的实践性见解与学识。这种教师形象也是抵抗官僚性制度化，主张民主自律性，构筑同学生、家长、同事及其他专家之间的合作关系，创造性地直面单靠科学技术不能解决的复杂难题。[1]

在教师自身发展方面，中外"教师隐喻"体现了人们在思想观念上对教师职业道德的期待，教师既是学生的引领者，同时自身要不断追求卓越，在成就学生的同时，自身也获得成长。教师应在教育教学过程中不断反思和追求卓越。

历史文化背景和社会现实的差异会造成中外"教师隐喻"的不同，但我们更多地能从"教师隐喻"的相似之处中看出对于教师职业道德的期待

1　佐藤学.课程与教师［M］.钟启泉，译.北京：教育科学出版社，2003：262，264.

与要求的相同点。尽管"教师隐喻"本身也存在诸多值得人们进一步反思之处，但通过梳理"教师隐喻"的积极方面，可以为当今教师职业道德建设提供有益思考和借鉴。

▍ 第二节　日本教师道德形象变化及启示 ▍

　　日本与中国一衣带水，在文化方面有许多渊源，进行教师道德形象对比可发现其中的相似与不同之处，并获得启发。当今日本教育虽不尽善尽美，但它在促进日本经济发展、提升国民素养、形成健全的社会等方面发挥了很大作用。教育的成功，重要原因之一在于教师教育能力与教师道德修养。

　　在日本，教师是稳定的职业，享有较高的社会地位，并享有良好的经济待遇。大多数教师对自己的职业感到自豪，并具有较高的职业道德。这与中国当前教师的地位、待遇及教师职业认同状况较相似。

　　日本用"教师像"一词来指教师形象，是社会对教育者的角色期待。从明治维新以来的历史来看日本的"教师像"，其经历了不断的变迁。分析日本教师道德形象变化的历史，可以为当今教师专业伦理建设提供借鉴。

一、日本教师职能的时代变化

　　研究者将日本教师形象和教师职能的变化，根据时代背景的变化进行区分，将其概括为：

- 江户时代的传统教师（江户中期—幕府末期）

- 公立学校教师的出现（1872 年学制以来）

- 作为国民启蒙和近代化的中坚力量的教师（明治前半期）

- 作为教育敕语的教育理念的推动者的教师（森文政期—明治后期）

- 作为"圣职"甘于清贫的教师（日俄战争以后到大正时期）

- 独自的教授法的探索、开发（明治后半期—大正自由教育时期）

- 作为军国主义和国家主义的协助者的教师（昭和前期）

- 战后教育改革中的教师（1945—1950 年）

- 日本教职员组合（日教组）和战斗的教师运动中的教师（20 世纪 50—60 年代）

- "人才确保法"下的教师（1973 年以后）

- 被要求满足多样的教育要求的教师（现在的"教师像"）[1]

　　江户时代的传统教师是"寺子屋"的师傅，类似于中国古代制度化教育产生之前的私塾先生。明治维新以来，教育的内容及教师的职能，在日本传统文化的传承和西方思想的传递这两种职能方面，不同时期存在不同力量的此消彼长。

　　明治维新之后，以建设近代国家为目标，学校教育成为国家主导的公共教育，即根据国家的要求来决定学校教育的存在方式，根据这个标准来决定教师的必要资质。近代学校教师也不是任何人都能自由担任。近代学校的教师，根据国家所指明的文明开化的目标，担负着教授国家规定的教

1　斉藤泰雄. 近代的教職像の確立と変遷——日本の経験［J］. 国際教育協力論集第 17 巻第 1 号，2014.

育课程的任务。

1885 年，森有礼被任命为首任文部大臣，继续西欧化对国民的启蒙，加强以天皇为中心作为日本人的国民意识形成和伦理行动培养。1890 年《教育敕语》颁布以后，在培养忠君爱国的臣民的天皇制的教育体制下，"教职 = '神职'"的观点支配着教师。教师应具有高贵的人品，应符合职业伦理要求。教师是被学生父母和城市居民所尊崇和感谢的职业。然而，教师的经济待遇并不高，由于日俄战争和一战的影响，物价上涨，教师工资相对下降，教师一度陷入作为圣职的教师伦理和恶劣的经济待遇之间的两难境地，处于不稳定的社会地位。美国研究人员杜克评价当时日本的教师情况说："日本教师是世界上最具献身精神和自我牺牲精神的教师集团。"

19 世纪 30 年代，日本的教育政策突然加强了国家主义色彩。1937 年中日战争全面爆发，军国主义抬头。日本参加二战后，军国主义教育进一步加强。在师范学校接受国家主义教育的大多数教师信奉国家主义，成为军国主义的支持者。帝国教育委员会[1]，成为超国家主义和军国主义的强力推进母体。战时体制对国民学校教师的职能规定为："国民学校教师是近代天皇制国家公仆，忠实履行国家的宗旨是其最大的职责，符合国家规范的圣职者或'德'的指导者、体现者的要求。"在这样的背景下，将天皇和作为教师的自己直接联系起来，将培养天皇的"赤子"的"小学生"培养成"皇国民"，在日复一日的教育实践中"鞠躬尽瘁"，成为"克己奉公"的实践者。

1　1883 年成立"大日本教育会"，是全国范围内的教师组织。1896 年改名为帝国教育委员会。

二战战败后，日本走向了非军事化、民主化的改革道路，鼓动军国主义的修身、历史、地理三科停止授课，又勒令驱逐与军国主义有关的教育工作者，被驱逐者有一部分是不合格的教师（军国主义者、极端国家主义者），也有不少人因不愿意接受资格审查而主动离开了教育界。在师范学校教师的培养方面，采取了多种举措：人才培养更符合自由主义的教育精神；自然科学、人文科学、技术自由也都强调学科性的一面；把教师的培养从师范学校水平提高到大学教育水平；把未来的教师作为个人和市民进行教育，充实自由教育。日本战后的教育及教师培养在很大程度上受到美国教育理念的影响。

现代社会对教师的要求多样化。教育的发展在广义上成为日本经济、社会、文化发展的推动力。然而也产生了很多问题，如过分强调划一性、升学竞争日益激烈、校园暴力、学生之间的孤立、学生的漠不关心等问题常常被报道，教师需要对这些问题进行回应。在 20 世纪 90 年代的教育讨论中，让孩子们的生活变得宽裕是一大课题。2002 年教育课程改革中，义务教育阶段学校的授课时间被削减，同时，为了推进横向的、综合性学习，各学科分开设置了"综合性学习时间"。但之后，学历问题再次"抬头"，出现了重新审视"宽松"路线、扩充学校教育的主张和动向。教师工作变得更加繁忙。绝大多数教师对自己的职业感到自豪，具有高度的职业道德，热心于自己的工作。除了进行通常的教授学习活动外，还进行课外活动和校外活动指导等。对教师职业，一方面，家长和整个社会都怀着尊敬和感谢的心情；另一方面，家长和整个社会对教师的要求和施加的压力也很大。对于所谓的教师丑闻，社会和媒体等的关注也非常密切。日本的教师作为一个职业集团，已经达到了成熟的地步，但为了履行其职责，回应社会的信赖和期待，还需要继续努力。

二、日本教师道德形象变化的特征及其启示

（一）教师道德形象变化的脉络

从前文关于日本社会历史、教师职能的发展变化的情况可以看出，日本教师的道德形象呈现出以下主要脉络：

其一，二战以前，教师主要体现为为人师表、忠君爱国的圣职者形象。

教师执行国家主义的文教政策，是《教育敕语》和国定教科书的传播者，培养学生成为忠君爱国、义勇奉公的顺良臣民，强调教师的奉献精神、献身精神。在军国主义思想复燃时期，教师是"克己奉公""鞠躬尽瘁"忠实履行国家公职的"公仆"，是"德"的指导者、体现者。

其二，二战以后，教师更多表现为敬业爱岗的劳动者形象，是自由民主思想的传播者。

1952 年，日本教职员工会发表《教师伦理纲领》，成为日本教师道德形象的指南和引领。《教师伦理纲领》在前言中指出：在战败的巨大代价和对民主主义与和平的追求中，"为了维护和平与民主主义，今天的教师应该有哪些素质？""教师应该有怎样的态度？"

《教师伦理纲领》指出："第一，维护和平，争取民族完全独立，建立受宪法约束的民主社会，是摆在教师面前的课题。教师要应对日本社会的课题，同青少年一道生活。""第二，教师为教育机会均等而斗争。""第三，教师维护和平。""第四，教师站在科学真理上行动。""第五，教师的教育自由不容侵害，侵害教育自由，不仅会妨碍青少年的学习自由，还会妨碍他们的自主活动，影响民族未来。""第六，教师倡导正确的政治。""第七，教师与父母们一起与社会的颓废现象进行斗争，创造新文化。""第八，教师是以学校为单位工作的劳动者。教师不是'高高

在上的神职人员'。人类社会的进步只有依靠劳动者为中心的力量才有可能。""第九，教师守住生活权。要求合理的报酬，是教师的权利也是教师的义务。""第十，教师团结一致。教师的历史任务只有通过团结才能完成。组织和团结不断地给教师带来工作勇气和力量。我们要和全世界的教师，所有的劳动者合作。"[1]

在 1947 年颁布的《教育基本法》中，教师获得了法定的身份："学校教师都是为全体国民服务的公务人员。"[2]《教师伦理纲领》中放弃原来效忠天皇"教师圣职者论"的教师观，发表"教师是劳动者"的宣言。自此，日本教师成为公务员，"应受到社会的尊重，并享受应有的待遇"。

其三，20 世纪 60 年代末期，教师专业化背景下，教师的反思性实践者形象。教师不仅仅是"工匠"型教师，教师从熟知教学内容和教学方法的"技术熟练者"向反思的实践者转换。1971 年，日本中央教育审议会提出了著名的《关于今后学校教育的综合扩充与整顿的基本措施》，指出："教育工作涉及与人类的身心发展有关的极其复杂和先进的问题，并且具有将哲学思想与科学方法相结合的本质困难……人们尊重教育，对教师寄予厚望。因此，为了吸引广大公众的尊重和信任，作为一种由高度专业精神和职业道德支持的特殊职业，教师们自愿组织专业职业团体并有必要为研究者付出努力……教学专业要求极高的专业化水平，除了作为教育工作者的基本资格之外，对教育理念和人类成长与发展的深刻理解以及学科内容的专业化也是如此。需要具备高级学历和综合能力。"[3] 日本文部省

1　教師の倫理綱領 [EB/OL]. http://www.7key.jp/data/law/kyoushi_rinrikouryou2.html.

2　瞿葆奎. 教育学文集·日本教育改革 [M]. 北京：人民教育出版社，1991：54.

3　中央教育審議会. 今後における学校教育の総合的な拡充整備のための基本的な施策について [EB/OL]. https://www.mext.go.jp/b_menu/shingi/chuuou/toushin/710601.htm#17.

也认为"教师是从事培养学生人格形成的专门性职业"。尽管各方从各自的立场出发对于"教师专业者论"有着各自的见解，但日本教育界普遍认为教师工作的性质、作用、范围、对象、环境、责任、组织及其所需的知识和技能，决定了教师职业是一项专业性强、责任性大的专门职业。他们具有对教育教学的意义进行省察的素质，面向儿童创造有价值的经验，并且参与专业共同体以及学校内外的授业研究，与同事建立良好的协作关系。

其四，20世纪90年代以来，日本教师道德形象为"魅力者教师形象"，教师是个性丰富、有创造性、拥有特长、敬业乐群者形象。信息化、全球化的发展，对个性和创造性人才的需求，要求有个性和创造性的教师培养出社会所需要的人才。"临时教育审议会为此寻找新的教育改革的出发点，认为要恢复教育界的活力和创新精神，并丰富人性与心灵的交际。这就要求教师要深刻理解学生，研究儿童，进行适应个体差异的教育，在激烈变化的时代中能教给孩子们'生存能力'。日本教育职员养成审议会就'新时期教师教育的问题'在1997年、1998年、1999年连续进行了三次审议，特别提出应'培养个性丰富和拥有特长的教师'。为此，日本在教师养成和研修上，十分重视教师个性的培养，要求教师不断提升自己的个人修养，形成人格魅力，提高自身的内在价值。作为社会的成员，教师要具备对人类成长发育的深切理解，具备丰富的人性和社会性、常识和教养等人际关系能力，甚至将教师的同事关系也引入到教师的资质要求中。"[1]2006年新修订的《教育基本法》再次强调教师的地位及教育合作的重要性。"第九条 依法规定的学校教师，必须充分认识自己的崇高使命，

1 王威，温恒福.日本"教师像"：演变特征及启示［J］.国外社会科学，2012（6）.

不断学习培训，努力履行职责。考虑到教师的使命和责任的重要性，应尊重教师的地位，应给予适当的对待，并应加强培训。""第十三条 学校，家庭，当地居民和其他有关人员应当了解自己在教育中的作用和责任，并应努力合作。"

（二）日本教师道德形象变化的启示

作为中国的近邻，日本在文化上也受到儒家文化的影响，历来重视教师的道德水准。日本教师道德形象在不同时期发生的变化，也给我们进行教师专业伦理建设以启示。

第一，教师道德形象与社会文化传统、职业要求、社会要求相呼应。日本与我国一样，同样有着尊师重教的传统，在儒家文化的影响下，强调师道尊严，师德高尚。教育职业要求教师具有爱心、耐心、责任心等。同时，社会也对教师有较高的职业期待，教师的社会地位总体上较高。因此，教师专业伦理建设，需综合考量历史文化传统、职业特点的变化和社会的要求等多方面因素。

第二，教师道德形象随社会发展不断调整。教师专业道德的发展是在不断解决职业发展、教师发展、社会需求等多方面相互协调的矛盾关系。例如，日本注意借鉴别国的先进经验，根据日本情况加以采纳和实施。所以，日本理想的教师形象就随着时代的变化同教师教育的形态、教师的社会地位和待遇等在制度上建立了彼此相适应的关系。从"教育的僧侣"到"劳动者"到"反思性实践者"，教师的职业与教师的培养越来越朝着专业化的方向发展。日本学者佐藤学用官僚化与民主化、非专业化与专业化两个维度，将日本的教师形象划分为四种类型：作为公仆的教师、作为劳动者的教师、作为技术熟练者的教师和作为反思性实践家的教师（图1），从中可以透见日本教师道德形象历史发展和现代提升的历程。

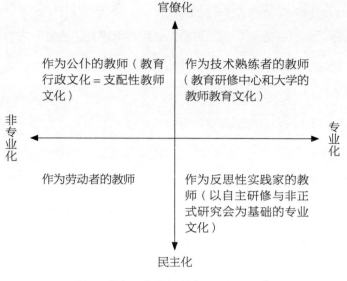

图 1　教师形象的规范类型及其文化[1]

第三，教师专业道德形象与教师作为"人"、教师职业的要求相适应，守卫底线伦理。底线伦理强调教师伦理的普遍性与基本性，主张权责相符、职业操守等基本道德规范是教师都应遵守的。教师道德形象应当生活化而非圣职化。为人师表不是"成圣成贤"，而应回归生活世界，教师是生活在普通人当中并在日常生活和教育活动中彰显其表率作用的。更高的价值追求，应在不违背基本的道德规范的基础上去追寻。

日本的教师职业道德中，"献身的教师"职业伦理观一直根深蒂固。在 20 世纪 20 年代，当政者宣扬"教师殉职事件"，鼓吹教师要有自我牺牲般的奉献精神。儿童、家长、社区成员也认为，"教师是要为了儿童以舍命般的姿态投入工作的人"，应以此赢得社会的尊重。"献身的教师"形象存留至今，已非当政者强加的一种特征，在历史发展中已沉淀为教师职

1　佐藤学.课程与教师［M］.钟启泉，译.北京：教育科学出版社，2003：262.

业的价值取向，由教育的使命感和热情所激发，成为教师与儿童交流、得到家长信赖和树立权威的有效途径。"献身的教师"形象成为日本教师的职业伦理，要求教师对教职的热情、教育的使命感和责任感成为一种信念，支撑个人的不计投入的职业行为，成为整个教育活动永葆活力的发动机。随着 20 世纪 60 年代中后期国际教师专业化发展，日本不断调整教师道德形象，增强教师道德精神与物质待遇之间的相容性，"培养了一支合格的、有奉献精神的、受人尊敬的、待遇优惠的职业师资队伍"[1]。联合国教科文组织在《关于教师地位的建议》中提出："为了教师自身的提高以及教育活动和全社会的利益，教师参加社会生活及公共生活应受到鼓励。"[2] 我国教师道德形象的重塑，既要坚持传统的教师德性伦理的激励作用，又要结合现实的教育环境与社会发展现实，坚守底线伦理，建立权责相符的教师职业道德规范。

1　国家教育发展与政策研究中心. 发达国家基础教育改革的动向和趋势（第二集）[M]. 北京：人民教育出版社，1987：493.

2　联合国教科文组织. 关于教师地位的建议 [J]. 外国教育资料，1984（4）.

第四章　中学教师
课堂教学伦理

　　课堂是教学的主要场所，教师专业活动很大一部分是在课堂中进行的。"教学伦理就是教学这一特定的社会活动应具有的道德观念、道德规范和道德实践。教学伦理是一种价值取向，一种善恶标准，一种行为规范，一种道德实践。"[1]课堂教学会涉及教师与知识（教材、教育理念）、教师与学生、教师与自我的种种关系。这其中也蕴含着复杂的教师伦理问题。

1　欧阳超.教学伦理学［M］.成都：四川大学出版社，2008：10.

▮ 第一节　中学课堂教学规范伦理　▮

一、课堂教学的伦理本质

教学是教师与学生以课堂为主渠道的交往过程，是教师的教与学生的学的统一活动。通过这个交往过程和活动，学生掌握一定的知识技能，形成一定的能力态度，人格获得一定的复制。教学既是科学，又是艺术。[1]从本质上来看，课堂教学是师生间的一种互动或交往，在学科知识为载体的基础上，培养学生的学习能力、思维能力，并对学生价值观念、道德情怀的形成和发展产生潜在影响。从这个角度看，教学不是一个简单的只是传输的过程，而是一种艺术，是有教育性的，因此，道德伦理精神的渗透对于教学过程就显得尤为重要。

在教学过程中，教师的言行举动、教学内容的设置、知识传输的途径以及教学成效的测量手段都对学生的学习过程产生潜在的影响。因此，有伦理道德支撑的教学，能够使课堂气氛更为和谐温馨，能够使师生互动、生生互动更为流畅，能够促进教学目标更为合理地分布与实现。同时，教育本身就是一种充满道德关怀的、善的事业。教育通过传授知识来培养人，进而推动社会向前发展，这就从根本上决定了教育的道德性，因此，这种"善"应该贯穿于教育教学活动的始终，成为教育的根本价值指向。由此，教学伦理就是教育"善"在教学行为中的具体体现，坚持教学行为的道德性，在教学中充分发挥道德调节的作用，是从根本上保障教学质量、把握教学方向的必然要求。

随着人们对教学认识的深入及反思自觉性的提高，一些原来习以为

1　张华，钟启泉.课程与教学论［M］.上海：上海教育出版社，2000：73.

常的做法逐渐受到质疑。比如说，教师在知识讲授中的统一步调、强制灌输，以及对宣扬的价值信条本身的缺乏诚意；各种有形无形的课堂冲突（比如表现为体罚、辱骂、剥夺学习权利等）进而导致师生关系的紧张；带有表演味道的造假公开课展示；不顾及个体差异，损害个性与创造力的僵硬刻板的标准化评价，以及不切实际的随意表扬与浮夸；学习者的模式化、高分低能与情感淡漠；教育者的疲于应付，日益功利化的教学取向，以及对学生不切实际的过高要求；等等。

有研究者认为，在全球化、资讯化、价值多元化、结构化、课程不断变动、如何处理学生行为及成长问题和家庭教育的失效造成了教师课堂教学的一系列难题：

（1）工作种类多——计划、指示、保护、组织、控制、照顾、带领、联络；（2）关注层面广——时间、空间、人事、物质、权贵、奖惩；（3）面临挑战大——师生文化差异、学校文化与潮流文化差异、师生人数的比例，社会忍受性。

这复杂的问题需要教师梳理，归结为课堂教学伦理的三个方向：

A. 预防

a. 乐观的信念；

b. 简明的课堂条例；

c. 说理技巧；

d. 以身作则（准时、备课、衣着……）。

B. 治疗

e. 镇定，有道德勇气（但对问题学生不要有仇视心理）；

f. 认清学生特质（熟悉长处和短处）；

g. 建设性的处罚方法；

h. 运用一切可运用的资源（如领袖学生、班级小老师……）；

i. 集思广益；

j. 坚持，有耐性。

C. 评鉴

k. 让学生有机会表达意见；

l. 宽严调教；

m. 课堂教学效能发挥的深浅程度。

教师面临着课堂难题和课堂伦理的实现，教师具备的知识素养应在如下各个方面令学生折服：（1）学科知识（实体知识）。（2）方法知识（技能知识、程序知识）。（3）课程知识。（4）社会文化知识。这是因为，教师的社会文化知识与学生共同价值观、社会信念和社会标准有密切关系。（5）多媒体知识。

现代教育信息技术辅助教学、辅助学习是教育现代化的主要标志，教师掌握多媒体知识是必不可少的。[1]

上述研究，展现了研究者对于教师的教学伦理困境及解决的办法。教学伦理问题在不同学段有共性的方面，而基于中学阶段的特殊性，"怎么教"的显性教学伦理问题则更为突出。

二、知识变更背景下的课堂教学伦理

（一）教育理念与教育知识更新下，教师教学准备的困境

基础教育改革的不断推进，给中学教育带来了新的理念与新的前进方向。教师是教育理念落地的行动者。而课堂教学则是国家教育理念、教师

1　于永昌. 教育伦理［M］. 上海：上海教育出版社，2008：417-418.

所理解的教育理念真正转化为现实的重要环节。当前教育改革理念中，对于如何发展学生核心素养，从考试评价、课程标准、教材内容等方面都进行了很大的改革。改革理念如何从课堂教学中得到一步步推进和落实，对教师而言是巨大的挑战。

课堂教学离不开知识的授受。面对教育理念的发展和教材知识的更新，教师需要深入研究教育知识的变化，在新的教育理念的指引下调整授课内容或准备新的授课内容。面对知识本身，教师会产生困难、困惑。然而，面对不断更新的教育理念和教育知识，以新的课改和教材改革为例，教师更多地处于被动学习与吸收新理念、新知识的阶段。教师的困境表现在两方面。一方面，教师对新的知识和新理念的学习与吸收、内化需要较长的时间。既有的教育方式受到挑战，新的学习、新的教学钻研需要教师投入更多的时间，给教师的职业生活带来较大压力。另一方面，中学阶段考试评价方式改革的压力，会具体表现在教师如何以课堂教学来提升学生的考试成绩，而在现实教学中，这二者似乎是难以协调的。因此，教师容易遭遇的困境就在于，如何在坚持课程改革、教材改革的理想方向的同时，又能向课堂要效率。面对知识，教师的困境如下：教师对新的课程理念理解是否充分？课程理念如何变成具体的教学行动？如何在新理念下进行新的备课？如何协调新的评价方式带来的教学内容与教学手段的更新？由此带来的连锁反应，使教师感到压力重重，进退两难。能努力去应对教育改革带来的理念、知识的革新，努力去学习的教师，在职业生活中体会到不断前进的力量。但如果处理不好，将引发教师职业的迷茫与倦怠。面对知识更新，教师的困境将会转化为具体的课堂教学行为。课堂整体设计是充满新的元素，还是陈旧缺乏创新，或者敷衍塞责，是影响学生发展的关键。

（二）教学知识变更背景中的教师专业伦理建设

《中小学教师职业道德规范》中规定："对工作高度负责，认真备课上课，认真批改作业，认真辅导学生。不得敷衍塞责。"教师应"崇尚科学精神，树立终身学习理念，拓宽知识视野，更新知识结构。潜心钻研业务，勇于探索创新，不断提高专业素养和教育教学水平"。我国台湾地区全国教师会之《全国教师自律公约》指出："教师对其授课内容及教材应充分准备妥当，并依教育原理及专业原则指导学生。""教师应时常研讨新的教学方法及知能，充实教学内涵。""教师应为学习者，时时探索新知，圆满自己的人格。"

"认真备课"这四个字，在教学知识更新的背景下，对教师而言意味着巨大的工作量和付出。但这却是教师专业操守的最基本的要求。面对教育理念深化、教学知识的更新，教师专业伦理建设的思路在于：第一，以积极的态度认识和面对改革与革新。教育改革，会带来教学理念与教学知识的变化，这种变化是为了进一步推进人才培养的举措。教师积极看待变化，勇于迎接变化所带来的挑战。第二，教师积极探索将课程知识转化为课堂知识及学生所接受的知识的方式，即在课程变化的背景下积极准备课堂教学。美国学者古德莱德将"课程"划分为五个层次，即五种不同的课程形态："理想的课程""正式的课程""领悟或理解的课程""运作的课程""经验的课程"。其中领悟或理解的课程，教师对课程的"加工""理解"尤为重要。因此，教师应在积极心态下努力准备课堂教学内容。课程的调整意味着教师的不断学习。教师不仅仅是被动应对改革提出的新要求，同时还应积极努力探索新的教育理念及其在教学中的实践方式。

备课、上课、批改作业、辅导学生，看似琐碎平常的工作，却是教师职业生活片段的真实写照，教师以敬业的态度认真完成，在完成教学工作的过程中，学生收获了成长，教师也收获了幸福和满足。也正是在这些细致繁杂的工作中，体现出了教师对待职业的精神和态度，可谓"于细微处见精神"。

三、中学生价值观多元化下的课堂教学伦理

（一）教育性教学中"教育性"的伦理问题

赫尔巴特提出的"教育性教学"的理念已为学者所熟知。课堂教学的过程，既是知识传递的过程，同时也是价值观影响的过程。这种影响，既有直接的教学内容所蕴含的，也有为教学过程中的其他教育行为所引发的。前者如教学内容的价值观负载，后者如教师的语言、课堂互动方式、教师对学生的评价反馈等行为。因此，从教学内容到教学方式，课堂中教师的授课内容与教师的言行举止都对学生的价值观产生影响。

中学阶段是学生成长的关键时期。中学生身心发展的重要变化、中学生价值观的逐步形成等，都集中在这一阶段。中学阶段教育的重要性毋庸置疑。与小学阶段教师对学生的价值观影响相比，中学阶段的教师，面对的是价值观逐步形成且趋向于稳定的中学生。在道德教育领域，中学教师对学生的道德影响力量，有时似乎是巨大的，有时似乎又是无足轻重的。

社会的变迁，学生发展特点的变化，需要教师重新审视对学生身份的认识。价值观多元是当前社会一个十分显著的特点。学生了解社会、获取信息的渠道日益多样化，加之中学阶段正是学生自主意识不断成熟的时期，因此，学生的价值观日益呈现出多元化的特点。社会变迁与学生价值观的多元意味着对学生的道德引导不应是单一价值观的影响。而学生的身份角色的特点也意味着教师在价值引导的过程中，应尊重学生的发展特

点，教会学生学会选择。

然而，教师对学生的道德影响中，存在着教师没有意识到学生身份的变化，不恰当的教育理念和教育方式造成价值观教育的困境。主要表现在：一是在方法上的机械灌输。部分教师并没有充分意识到学生的文化特点和学生的自主价值选择能力，仍然采用机械灌输的方式，对学生进行单一的甚至是不合理的价值观影响。二是面对学生的多元价值观，教师由于不了解变化了的学生，也没有及时更新价值观、澄清价值观，在与学生的价值观冲突时，茫然不知所措。

传统师道尊严、教师权威的认识在教师脑海中深深印刻。现代的主体教育理念、尊重学生、平等对待学生的理念并没有得到真正贯彻落实。前文所述的学生的"年轻的成人"的这种身份，往往无法消除教师根深蒂固的对于学生仍然是"边际人"的身份地位的认识。因而，教师在对学生施以道德影响之时，忽略学生的文化特点，从成人的角度，灌输成人价值观。殊不知，面对日新月异的社会，拥有获得信息的多种渠道，逐渐学会自我选择的学生，面对教师单一价值观的灌输，产生的更多是抵触和反感之心。正如人们对米德所说的三种文化的阐释，后喻文化可以理解为"你虽然年轻过，但已经老了"。教师如果不进行学情分析，不去了解学生的文化特点、心理发展特点，以传统的教师权威方式对学生进行道德影响，显然不能取得较好的效果。

（二）面对学生多元价值观，教师专业伦理建设

教师对学生进行价值观引导的重要性在于，中学阶段正是学生价值观形成与稳定的重要时期，而社会生活的多元化导致学生价值选择的困惑，中学生尚难以通过自身的反思就形成积极的价值观。因此，需要成人帮助其进行筛选，使之学会判断和选择。

《中华人民共和国教师法》第八条对教师提出的要求有："对学生进行宪法所确定的基本原则的教育和爱国主义、民族团结的教育，法制教育以及思想品德、文化、科学技术教育，组织、带领学生开展有益的社会活动；不断提高思想政治觉悟和教育教学业务水平。"《中小学教师职业道德规范》中规定，教师应"坚守高尚情操，知荣明耻""培养学生良好品行，激发学生创新精神，促进学生全面发展"。

一方面，教师应对学生进行积极价值观、主流价值观的引导。在价值多元的时代，有时并不能简单判断一种价值的对错与否。在教师和学生的价值观领域中，当然也存在着多元价值观，许多价值观都有其合理的一面。然而，价值观存在的合理性并不意味着学校教育不需要对价值观进行筛选。在学校教育中，教师肩负着对学生进行价值观引领、培养学生良好品行的重任，因此，应当向学生传递积极的价值观而非消极的价值观，引导学生形成健康向上的价值观。另一方面，教师自身不断进行价值观的学习与澄清，提升自身的价值判断、价值选择能力。如果教师迷失在多元的价值观之中，缺乏专业判断，不能区分积极的价值观与消极的价值观，那么，在价值观引导方面容易对学生造成误导。

四、中学课堂教学方法与教学互动的伦理

（一）教学方法及教学互动的伦理问题

1. 课堂教学方法方面

新的课程改革和教材改革，必然要求教师的课堂教学行为发生与之相应的变化。因此，在教学方法方面，需要教师跟随教育变革的步伐相应做出具体教学行为的改变。这种改变，不仅仅是单一教学行为的变化，它是

在教育理念的指引下，教师的教育理念具体化为教育行为的表现。因此，随着教育改革的深入，教师的课堂教学方法的革新，从理念到具体的行动，都需要教师做出调整。

教学方法的伦理问题主要表现在两方面。第一，教师是教育改革理念的实施者，新的理念的实践，主要在于教师的创造性工作。面对新的理念与教学要求，教学具体方法方面的建议或对策，并不够具体，依然是在探索中进行。教师需要创造性地将教育理念变成教育实践。在这个过程中，对教师原有的教育理念、教育方法带来挑战，也对于教师能否创造性地实践教学理念带来了挑战。例如，政治学科中提出的"议题式教学"，何为"议题"，如何有效进行议题式教学，都需要教师进行探索，并没有系统的理论介绍或经验传递。在这种开拓性工作中，积极探索，将使课堂焕发生命力，同时也能推动理论的深化。反之，对改革带来的课堂教学变化不敏感、不主动，将影响课堂教学质量。第二，教师需要更进一步了解教育对象，尤其是中学生的特点，采取多种方式发挥学生学习的主体性。学生学习的主体性在中学阶段表现得尤为明显，因此，大家一直在强调的主体性、合作性、互动性等教学理念，如何在教学方法中有效地运用与实施，是教师需要不断探索的课题。

2. 课堂教学互动方面

课堂教学互动方面的伦理问题主要表现在教师的课堂语言、课堂互动方式等方面。

教师的课堂语言伦理问题主要表现在两方面：一是教师的语言暴力问题，二是教师的话语权力问题。一方面，课堂上教师存在使用不恰当的语言、伤害性语言甚至语言暴力的问题。有的教师是无意识地、口不择言地使用了伤害性语言，而有的教师则是有意识地、刻意地用贬损性的话语责骂学生。不管教师的主观意愿到底是怎样的，教师的语言暴力带给学生的伤害是深重的、持久的。中学生有较强的自尊心，自我意识逐步形成和完善。教师讽刺挖苦、侮辱谩骂学生，或诋毁学生人格等，都会严重伤害学生的自尊心和自信心，使学生形成很低的自我意识，学生的性格发展不健全，会导致学生产生一些不良的行为。例如，一些学生今后难以宽容、尊重、和善的态度去对待他人和社会，行为偏激。通常情况下，教师的语言暴力会导致学生性格和行为有不同的倾向，有的学生性格偏执，语言张狂；有的学生极度自卑，畏首畏尾；有的学生自闭、孤独等。而且，教师的语言暴力还会影响师生之间、学生之间良好的人际关系。另一方面，教师的课堂语言还存在话语权力问题。教师在课堂上对学生进行反馈、引导、点评之时，使用的是禁止性语言、命令式语言，还是协商性语言，反映的是教师的教育理念——是强调教师的课堂权力，还是注重课堂中的协商、民主。

课堂教学必然有师生互动，课堂提问是师生互动的主要形式。师生课堂互动行为的类型根据不同的标准有不同的划分。英国学者艾雪黎等人根据社会体系的观点，把师生课堂互动划分为教师中心式、学生中心式和知识中心式三种；利比特和怀特等人从师生关系角度将之分为教师命令式、师生协商式、师生互不干涉式三种；吴康宁等学者根据教师行为对象，将之分为师个互动、师班互动与师组互动，根据教师行为属性划分为控制—服从型、控制—反控制型与相互磋商型；还有学者建立了三维坐标体系，将教师、学生和教材三要素作为三个维度来构成一个师生课堂互动模型。[1] 课堂上师生互动在不同学段既有共性也有不同之处。中学阶段的课堂师生互动，学生对互动中师生关系、地位更加敏感，也更追求这种互动中的主动

1　亢晓梅.师生课堂互动行为类型理论比较研究［J］.比较教育研究，2001（4）.

性、主体性。在中学阶段，课堂互动中还存在一个非常重要的问题，即互动的公平性问题。教师是否公平的问题在中学阶段的表现较之小学阶段更为突出，课堂教学公平是教师公平问题在课堂上的表现。即在课堂教学过程中，教师是否给不同的学生提供适合他们的互动内容和方式，是否公正评价学生的课堂表现。总之，在课堂交往活动中，专业的教师应懂得如何敏感觉察到自己的教育行为、如何对学生的课堂活动进行反馈与互动，如何形成良好的课堂互动，因为这些都影响着教学效果，影响着学生发展。

（二）教学方法与教学互动方面教师专业伦理建设

从具体操作层面而言，在教学方法方面，如同教师对待教学知识的态度和做法一样，教师应积极关注教育理念的变化，不故步自封，采用新的教学方法，目的在于促进学生对教学内容的理解与掌握。

在教学语言与教学互动方面，教师用语应规范，不对学生使用语言暴力。除此之外，还有学者提出一些更进一步的建议。威塞尔以教师的言语活动为标准，对课堂的社会情感气氛进行了研究。他把教师的语言分为七类：支持学习者的、自我支持的、清晰并容易接受的、问题构建的、中性的、指导或鼓励的、批评的。他认为，教师的言语决定了课堂社会情感气氛的特点。[1] 在中学课堂上，教师应关注到语言所带来的课堂社会情感气氛，尤其是对中学生而言，支持性的、指导、鼓励、问题建构的语言，有助于激发学生的思维发展，构建良好的课堂生态。

根据"弗兰德斯师生互动分析系统"的指标，课堂互动中的教师语言有7种类型，其中前5种是积极的，后2种是消极的：

（1）接纳。以一种不具威胁的方式，接纳及澄清学生的态度或情感。学生的情感可能是正向的，也可能是负向的。

1　屈智勇.国外课堂环境研究的发展概况［J］.外国教育研究，2002，29（7）.

（2）鼓励。称赞或鼓励学生的想法或行为，也包括缓解紧张但不伤人的笑话、点头，或说"嗯""继续"等。

（3）澄清、总结。澄清、延伸、扩展学生所提出的意见或想法。但是，当教师呈现较多自己的意见或想法时，则属于第5种。

（4）提问。以教师的意见或想法为基础，询问学生有关内容的问题并期待学生回答。

（5）讲授。就内容或步骤提供事实或简介，表达教师自己的观念，提出教师自己的解释，或者引述某位权威的看法。

（6）指令。指示、指令或命令，此类行为具有期望学生服从的功能。

（7）批评。对学生与教师不一致的想法和行为表达否定、批评、嘲笑、攻击。[1]

从以上积极的课堂教学语言的建议和消极课堂教学语言的提示可以看出，教师语言包含着语言背后的态度、理念，语言的使用与教师的课堂互动生态紧密结合。语言是互动生成的，对话、互动中师生相互激发、相互触动。以语言为媒介的师生互动中，教师应注重使学生"有话可说""有话能说""有话会说"，即尊重学生的课堂主体性，给学生充分表达的机会，而且培养学生理性表达的能力。这对于中学阶段的学生而言，符合他们的心理与发展特点。

▎第二节　中学课堂教学德性伦理　▎

教学规范伦理是一种底线伦理，教师认真备课，对学生不敷衍塞责，

1　周成海.课堂教学原理与方法［M］.北京：中国轻工业出版社，2015：10.

课堂上不偏袒学生、不体罚、不责骂学生等，是教学规范伦理的范畴。遵守教学规范伦理，只是教学活动中的基本要求。如果仅仅只有教学规范，而缺乏对教学本真内涵的理解，缺乏对教学中的问题的反思，教师的教学就仅仅成为一种任务，教师和学生在课堂生活中都只是在被动地完成任务，这无益于学生的发展，也无益于教师的职业成长。因此，在课堂教学规范伦理的基础上，除了探索"怎样教"，还需要进一步澄清"为什么而教，怎么教更好"的伦理问题。遵守教学伦理规范不是最终目的，而是为了达到规范所指向的生活形态，比起遵守了某种规范带来的道德崇高感，只有体验到该规范指导下的生活的幸福才是更高的追求。

一、对"教学"的道德本真的反思

由于当下的"教学"似乎已经进入了某种常识领域，人们日益减弱了对其反思与质疑的主动意识；但若换个视角，从微观的个人生活史的体验来看，"教学"却似乎越来越成问题。这种反省意识可能最初只是源于教师个人的不悦体验。比如，教师多年来几乎没停歇地备课、上课。有的人从听课、上课再到评课、研究课，这期间经历着作为学生、教师、家长、教育管理者、研究者的身份变换。不同的视角带来了全然不同的体验和思考，但遗憾的是，对教学本身思考的越多、越自觉，关于教学自身的一些"不言自明"的概念、价值、命题、规范等却发觉存在着越多的悖谬。比如，教学到底是怎样一种活动？教学对于生活究竟意味着什么？教学与人生（尤其是学生）的价值关联如何体现？如何考量某种教学的目的正当性及其有效性？诸如此类。叩问一段教学的两端，无论师生，作为个体的心理期待及其实现都可能是不等值的，可能对有的人而言，教学赋予自己的生活很多意义，但也有的人可能只感觉像是参与了一场充斥各种无理规则的游戏，既没有给自己带来快乐，更无助于生活的改善。时过境迁，有关教学的记忆，只剩下拥挤的教室和无聊的课表，若干张熟悉的面孔，一些背书的公式和只言片语，以及一场场考试留下的惊悸与分数。

没有反思、没有思考的教学，不仅影响了教学质量，也影响着师生的交往效果、人际关系，导致教师不愿意教而强教，学生不愿意学而被迫学，双方在对抗性气氛中都享受不到教学本身带来的成就感与幸福感，甚至还影响到社会对学校教育，对教师和学生身份的公正评价。但无论如何，这些现象已经构成了当前教学存在的一部分，借用苏联学者的话："初看起来，教学是教师向学生传授知识的简单过程。教师叙述教材，学生听讲并熟记教材；教师演示所教的东西或者相应的摹制品，学生仔细地观察这些东西；教师指定作业，学生完成作业。这些只是反映了教学的外表，并且反映得很不完全。"[1] 我们现在要做的，就是对那些未曾加以审视或予以重视的表现以新的关注和解释。

教学到底应该如何进行？除了重视技术与方法的应用，加强知识环节的设计，教学似乎还缺点什么。教学活动纯粹的标准在哪里？或者说，运筹于知识、经验和技能传递之间的师生的心灵体验、生活的意义谁来过问？教学对师生而言，究竟意味着一种专业训练还是生活本身——是否教师按照预设的教案完成讲解任务、学生认真接受并顺利通过评定就是有效的、成功的教学？那些"以学生为本""一切为了学生"等宣称彰显民主、人道、公正的教学理念，如何切实地落到地面，让人们用教育的现实眼光目睹它

1　达尼洛夫，叶希波夫. 教学论［M］. 北师大外语系 1955 级学生，译. 北京：人民教育出版社，1961：125.

们本真的身影？凡此种种，已经指向了一种对教学存在的目的论考证。

二、课堂教学伦理的反思

前文第一节所述的教师如何做好教学工作，其中应遵守的教师专业伦理，如，如何面对课程变革更新知识、如何采取新的教学方法、如何进行有效课堂互动，更多的是从"怎么教"的角度看教师职业的基本伦理要求。教师不仅仅需要在现实中思考如何将教学工作做好，更需要反思在教学过程中的理念与行为，具有更深的反思，才能更进一步使教学工作的理性、伦理性更充分。"这就意味着，如果没有一些体现着生命的价值的、比伦理规范更高更根本的生活意义，如果没有一些表现着生活美感的、值得用生命去追求的事情，如果在规范之上没有一些当我们能够自由行事时愿意去做的事情，那么，规范就变成无所谓的了——我们必须意识到，伦理规范就其本身而言没有价值，我们不可能为规范而规范，不可能因为仅仅遵守了规范而乐不可支。"[1] 因此，在日常的具体工作和日常工作守则基础之上，还有如下问题值得反思。

（一）面对教学知识更新：知识是什么？教师与知识是什么关系？

"知识至上"的态度是现代性的一个关键性质。知识眼光要求把观念的基本假设"冻结"地看作是不成问题的和普适的，以便生产和积累可统一管理的知识。知识本身没有错，但把知识态度夸张为整个思想的态度就挤掉了智慧。除了知识眼光，思想还需要创作的眼光，它要求把基本假设、概念系统和思维框架看作是有问题的，看成是无法冻结的动

1 　赵汀阳. 论可能生活——一种关于幸福和公正的理论 [M]. 北京：中国人民大学出版社，
　　2004：225.

荡的海。[1]

人们对"什么知识最有价值"的思考，意味着人们在探寻知识对于学生发展的意义和价值。夸美纽斯回答了"百科全书式"的知识最有价值，主张把一切知识教给一切人。到人们继续发问"谁的知识最有价值"，探索知识背后的权力问题。知识本身并不是客观的、亘古不变的。我们不断进行的教育改革的深化，在知识方面也在不断进行调整。作为知识传递的中介，文化与文明传承的中介的教师，对知识的反观和追问，是教师在课程实施中促进课程深化的重要来源。

首先，教师需要重新认识到自身在知识传承中的重要作用。教师是将知识传递给学生的重要中介，影响着人类文明、文化的传递，也影响着学生的成长和发展。面对改革带来的挑战、面对教学知识的更新，教师并不是复述者，不是被动接受理念，而是经过自身的理解、加工，对课程文化进行传递。从这种角度与高度理解教师的角色，避免在教学中的无意义感和疲倦感。其次，教师需要深入理解知识与文化、知识背后的理念与价值。例如，在课程改革、教材更新的背景下，知识发生了哪些变化，这些变化反映着对于人才培养的新思考。教师不仅仅是使学生了解、掌握知识，提高学生应考能力角度去准备课堂教学，更应该着眼于未来人才培养的素质要求，着眼于国家、社会发展对人才所应具备的素质的要求，从更宽的视野看待知识，并将这些理念与理解变为具体课堂教学。

（二）面对学生：课堂中师生权力地位是怎样的？师生课堂互动致力于什么？

在课堂师生互动方面：

1　赵汀阳.长话短说［M］.北京：东方出版社，2001：89.

第一，在师生权力关系方面。在传统的视野中，教师是教材的代言者，是教学中的主导者、权威者，而学生则等待着教师的教授。在解放教育学者弗莱雷看来，"把他人想象成绝对的无知者，这是压迫意识的一个特征，它否认了教育与知识是探究的过程"。当学生如此被置于教师的对立面时，便只有被动接受和聆听的份，而无法实现与教师一道建构知识。真正的以学生为主体，不仅仅是从形式上给予学生表达的机会，更主要的是教师将学生视为是一同建构知识的共同体，改变教师权威、控制课堂的观念。在理念方面的改善，将使课堂上学生的活动逐步真正实现以学生为主体，给予学生真正探究的权力和充分的行动机会。具体表现，比如，教师需要在课堂的话语表达方面有对权力问题的思考的意识，需要从师生权力关系、如何促进学生发展的更高站位上有所调整。教师语言不仅仅局限于语言本身的道德性，还有语言背后的权力关系所带来的师生关系，以及教师话语是否改变权威话语，教师话语是在营造一种主动探究、主动发展、师生平等的课堂氛围。

第二，在师生课堂互动方面，教师应致力于建立学习共同体。在中学阶段的课堂教学中，师生互动不仅仅是使得课堂教学得以推进的方法手段，良性师生互动下，应构建"学习共同体"。"学习共同体"是"一个目标明确的场所，一个相互交流思想的场所，一个充满正义感的场所，一个纪律严明的场所，一个互相关心的场所，一个欢庆聚会的场所"[1]。埃米尔斯顿指出，共同体意味着：一大组人一起学习；友好、安全和尊重；作出决策；考虑他人，关心整体；互相帮助；互相信任；总是彼此关心。共同

1　厄内斯特·波伊尔.基础学校——一个学习化的社区大家庭［M］.王晓平，等译.北京：人民教育出版社，1998：22.

体是这样一个空间：我们感到身体上和心理上的安全；我们尊重每个人以及他们的财产；我们把别人的观点看作是同样有价值的；我们从我们的错误和成功中学习。[1]

学习共同体内的对话规则：

（1）你针对的是某个信息、意见或观点，而不是某个人。

（2）不能有任何对个人的贬低或诽谤。

（3）不要使用伤害性的评价。成人世界里可能会发生这样的事情，但我们的教室里不能这样。

（4）评论的唯一目的是改善思考环境，而不是破坏这个环境。

（5）如果有人不同意你的观点，他们其实是在赞扬你。这是因为：①这个人用心听了你的发言；②分析了你的信息；③认为提出意见很有必要；④为告诉你这些而感到不安。

所以要听取不同的意见，不论接受与否，都要说句"谢谢"。[2]

将课堂作为一种学习共同体来建设，学习共同体满足学习者自尊和归属的需要，又为学习者通过交流与合作共同构建的知识提供了理想环境。在学习共同体中，每个成员通过平等对话、真诚沟通来发展合作精神，共享经验知识，实现自我超越。建设学习共同体需要教师审视自己的角色、师生关系、课堂的互动等。"教师的职责现在已越来越少地传授知识，而越来越多地激励思考；除了他的正式职能以外，他将越来越成为一位顾问，一位交换意见的参加者，一位帮助发现矛盾而不是拿出真理的人。他

---

1 Brian Edmiston. *Transforming Teaching and Learning with Active and Dramatic Approaches* [M]. New York: Routledge, 2014: 77.

2 弗兰肯海姆. 活跃课堂思维的教学策略（第 6 版）[M]. 龙玫，译. 北京：中国轻工业出版社，2011：40.

必须集中更多的时间和精力去从事那些有效果的和有创造性的活动；互相影响、讨论、激励、了解、鼓舞。"[1]

（三）教学活动中教师的生活本质追问：德性生活中的教师的专业自主与精神自由

1. 教学是一种德性的生活

如果教师把知识与德性割裂，将教学视为教师主导下的知识传承、与人的灵魂的关系越发疏远。由此，教学渐渐蜕去了灵魂唤醒的高尚、纯净，而变得贪求效率、功利。从教化堕落为规训的教学从此走上了一条异化的扭曲之路，而自觉地施加与接受规训，异化而不自知才是最大的问题。教师需要增强对教学应该是一种德性的生活的意识和行动，而且对自身在教学活动中的地位作用及如何发展自身形成主动意识。因此，教师专业伦理建设需要引领教师从惯习中走出，悬置判断、指责与批评，从教学本身来反观教学，进而反观我们自己。正如雅斯贝尔斯所言："如何使教育的文化功能和对灵魂的铸造功能融合起来，成为人们对人的教育反思的本源所在。"[2]教师应意识到，教学是一种基于情境的独特性的创造活动，教师只有面对每个独特的个体，并倾听他们的独特观念，尊重他们的独特需要，才能真正在师生交往中建构"他们的"知识和意义，分享"他们的"生活体验，从而最终推进"他们的"发展。

佐藤学在《静悄悄的革命》一书中还提到一种"润泽的教室"，指在某种教学环境下，学生可以宽松地、充实地展开学习，能够让多种多样的想法产生，师生都沉浸在一种心情舒畅的气氛中，使教学不失时机地展

1　联合国教科文组织国际教育发展委员会. 学会生存［M］. 北京：教育科学出版社，1996：108.

70　　2　雅斯贝尔斯. 什么是教育［M］. 邹进，译. 北京：生活·读书·新知三联书店，1991：1.

开，与此相对应的，则是那些由缺少人情味的硬邦邦、干巴巴的关系而构成的教室；那些仅仅是白热化的发言竞争，学生表面活跃地不断叫着"是的""是的"，高高举手的教室；那些空气沉闷、学生的身体坐得笔直笔直的教室；等等。[1] 这种"润泽的教室"便是师生个体精神自由的理想表现空间。显然，也只有在这样的教室空间中人们才会感受到，"教学活动中的读、写、算的学习并不是技能的获得，而是从此参与精神生活，细心地把握其中的美，而不是外在的手的动作和理解运算"[2]。

2. 在教学的德性生活中，教师应追求专业自主与精神自由

教师专业伦理的一个重要维度是专业自主。当教师面对繁重的教学任务，教育改革的推进，教育领域不断更新的对于教师自身和课堂教学的要求，使得教师负担较重。尤其中学教师，面对人才培养的改革与推进，面对学校、社会、家长等多方面要求，压力更大。而部分教师在教育改革的过程中，逐渐变得麻木，被教育要求推着走。被动的自我发展与教学探寻，导致教师依赖于外在的要求，无意识地依靠惯性开展教学工作。"在教学中感到幸福吗？""教学改革中自己有主动的思考探究吗？""在你的教学过程中，学生感到幸福吗？"在类似这样的问题的回答中，可能不少教师是持否定的回答的。

教师在教学中的专业自主与精神自由，有赖于教师对自己从事的专业活动有着清晰、科学的认识。它表现在很多方面：在教学过程中敢于发表自己的见解，尤其是当个人理解与教材发生冲突的时候；敢于在深入思考的基础上，摆脱对外在体制性权威和教材的盲从，逐渐提高专业自主性；

1　佐藤学.静悄悄的革命：创造活动、合作、反思的综合学习课程［M］.李季湄，译.长春：长春出版社，2003：25-26.

2　雅斯贝尔斯.什么是教育［M］.邹进，译.北京：生活·读书·新知三联书店，1991：35.

对既有教学的片面性有清醒的认识，对当代教学观有着符合时代性的理解，尤其是对学生批判和创新能力的重视。

　　教师和学生如果能进一步追寻"课堂生活意义"，这个问题就变成了一个伦理学问题——"教与学就是我们的生活，为使我们的生活有意义，我们可以给自己提出哪些任务，我们应该做什么，我们应该怎样做，而且怎样做会做得更好？"当教师这样思考时，在他努力开启学生的心灵和智慧时，也就是在追求自己有意义的人生；当学生这样思考时，在学习知识解决问题的过程中，认真、负责、执着、勤奋、合作等态度和精神会应运而生。[1]

1　威廉 F·派纳，等.理解课程［M］.张华，等译.北京：教育科学出版社，2003：448.

第五章　中学师生交往伦理

师生交往的展开，是学生获得人际关系体验，发展交往意识和交往能力，形成交往品质的重要来源。师生交往是学生社会化的过程，是学生社会性发展和建立社会价值体系的重要基础。师生交往的品质影响着教育的有效性和教育的品质。

在课堂教学中也存在较多的师生交往。本章所分析的师生交往，主要是指在课堂教学之外，在学校场域（如课间、学校活动中、班会活动中等）或通过媒介交往手段进行的交往。课堂教学交往与本章所分析的师生交往有不同之处。课堂教学中的师生交往，主要具有知识"传授"的功能。日常的师生交往，范围更大，内容也更全面。在交往方式上，教师更容易走近学生，也更容易关注到学生的差异性。

师生交往不是一般意义上的人与人之间的交往。

第一，师生交往是在特定的场所展开的，即在学校这一环境中展开的。当然，在今天新媒体技术手段不断丰富的情况下，师生之间的交往也延伸到了学校场域之外，通过网络展开交往。然而学校依然是师生交往的主要场所。第二，师生交往是不同年代的人之间的交往。它不是同龄人之间的交往，是青少年与成人的交往。它不同于亲子之间的交往，不是以血缘或亲缘关系为基础的交往。

学校作为一个师生共存的伦理共同体，师生是这个伦理共同体的建设者和享有者。师生交往的伦理维度，强调师生交往必须符合一定的伦理秩序和道德要求。这种伦理秩序既包含个人的伦理秩序，也包含集体的伦理秩序。师生交往在个人伦理秩序上主要表现为师生个体内心对自己在这一关系中对应的道德要求的遵循，从而使自己的行为符合相应的道德规范。师生交往在集体伦理秩序上则表现为师生交往的发展遵循教育教学的道德要求，从而推动学校良好秩序的形成乃至社会道德风尚的塑造。可见，伦理关系维度的师生关系就是强调要形成一种以师生交往为基础的伦理秩序，这种伦理秩序是建立在师生各自所承担的社会角色道德责任基础之上的，通过师生角色道德的落实，从而把师生关系置于道德规范的引领下，以此促进师生关系的和谐发展。

一、中学师生交往的特点与存在问题

师生关系中的师生双方会以三种关系的形式存在：一是伙伴关系，即通过师生之间私密的交往而建立的友爱关系；二是组织关系，即师生双方每一个个体与师生共同体形成的关系；三是社会关系，即不同的师生关系、群体之间的关系。在第一种关系中，师生双方的交往是在没有任何压力和诱惑下的交往与信赖，这种信赖会给予师生一种自我的满足他人需要的价值感和自我的信任感；在第二种关系中，主要体现为一种权利与义务的关系，权责意识的觉醒是主体成为现代公民的标志，它会促使自我在尊重他人中学会自尊；在第三种关系中，师生双方会有一种集体荣誉的意识，并会通过自己的努力和成就为自己所在的集体赢得荣誉，从而也使自己得到集体的承认和重视，从而发展出自我的自豪感。[1]

（一）中学师生交往的特点

国内外不少研究对中学师生交往进行了分析。日本研究者大竹诚在中学一年级到高中二年级 698 名学生中所做的调查显示，学生喜欢的教师具有这样一些特点：有理解力，耐心、温和，可信赖，公平，能教懂，开朗，不感情用事，能热心教，遵守时间，不缺课，生动活泼，上课有趣，学识深，负责任，守信用，热心认真，教法好，民主，仔细，人格高尚等。另一位研究者光安文夫在对小学四年级到六年级 1567 名学生做的调查中发现，学生喜欢的教师是：会教书，能和学生打成一片，温和，爱好体育，开朗活泼，大公无私，头脑聪明，知识丰富，说话有意义，能照顾别人，爱好丰富，有实力，有钻研性，耐心，整齐，幽默，健康活泼，板书好，说话清楚，年纪轻等。从这两个调查中可以看出，学生对教师的性格、品德、工作态度、学识和能力都非常关心。这当中还有一个值得指出

1　吕寿伟. 从排斥到承认：通往有尊严的教育伦理生活 [M]. 北京：教育科学出版社，2015：63.

的问题是，大竹诚在中学生中的调查与光安文夫在小学生中的调查有一个明显的差异：中学生对教师的评价，较多地集中在品德与工作态度方面（61%），而小学生对教师的评价却多集中在性格（45%）和教学能力（45%）方面。这表明小学生对教师的认知，还是表面的、感性的、直接的居多。他们在道德品质、工作态度方面的评价能力还是薄弱的。反之，中学生并不是不关心教师的性格、学识和教学能力，而只是相对地更重视对教师思想的分析判断，在这方面要求提高了。[1]虽然这项调查和研究距今有较长的时间，而且主要反映的是国外的调查结论，但对于我们今天思考中学生发展的特殊性，以及如何看待中学师生交往，如何进行教师专业伦理建设，依然有参考价值。

我国学者也发现，不同年级学生在感知教师交往风格的类型方面表现出显著的差异。与中学生相比，小学生感受到教师更多的亲近与友善，同时也感受到教师一定的控制力，在教师与学生交往的风格类型方面，小学生感知到师生的互动与交往更多是"亲近威严型"；与小学的课堂环境相比，中学阶段的明显特点之一是教师加强了对学生的控制、纪律约束与限制，像小学中那种比较亲密的、个人化的师生关系不再受重视。因而从小学过渡到初中时，中学生更感受到教师的严格管理、严格要求；其自觉性也高于小学生，教师的互动风格更多表现为"规范管理型"。这一结论与国外有关的研究发现一致。如研究者从不同角度比较了小学和初中教师在控制、纪律和信任学生方面的差别，发现无论由学生还是由教师来报告，小学教师在控制和纪律约束方面都比初中教师要宽松。具体从中学的两个阶段来看，与初中生相比，高中生感受到教师更多的"温和放任型"风

1 冷冉.教育操缦集［M］.大连：大连出版社，1990：153-154.

格。这可能主要在于，初中生正处于从儿童向青年期过渡的急剧变化的时期，其自我意识的发展不够稳定，自我调解和控制能力较差，因而感受到教师更多的管束与规限；而高中阶段的学生，随着生理与心理发展的相对成熟，其自我意识逐步增强，自我管理与主动学习的意识进一步提高，尤其高中生面临高考的压力，因而与小学生、初中生相比，他们在各方面的主动性都比较强，教师对其表现出较少的控制力，乐于接受学生的意见，学生比较自主与随意，师生互动中的"温和放任型"所占比例最多。

中学师生交往的主要特点有：第一，师生交往的主体性更明显。对于师生关系，有"主体—客体""主导—主体""双主体"等观点。中学生的年龄跨度较大，从13—18岁都处于中学阶段。中学阶段学生的主体性、对于自我的认识、对于自我与他人交往的理解都逐渐加强与加深。在师生交往中，中学生对于师生双方的地位、关系的理解更深入。师生交往的人格独立、关系平等、相互尊重显得更为重要。第二，师生交往的理解性增强。只有相互理解，才有助于相互沟通、倾听、信任与合作，才能走进彼此的内心世界，产生情感的共鸣和思维碰撞。随着中学生的心理进一步成熟，在认知、情感方面，对他人的理解性逐步增强，而对于成人对自己的理解的需求也更强，因此，中学师生交往时，双方的理解性特点更明显。第三，师生冲突更频繁。转型期所产生的多元化的价值观和文化传承方式的变化，改变了社会成员的思维方式和交往方式。随着中学生自主意识的觉醒，以及青春期的发展特点，可能造成教师与学生产生更为频繁的冲突。

（二）中学师生交往中存在的主要问题

由于社会和教育领域中的一些不良因素的影响，中学师生交往中存在一些有待改善之处，主要表现在：

第一，长久以来工具理性的扩张，导致师生交往的情感性维度被削弱。"一项对某市四所中学学生有关'学生需要的实现程度'的调查显示，74.6%的学生认为，教师关注学生的学习成绩远胜于关注学生的人生态度和价值观、心理素质和爱好兴趣等非智力因素。"[1] 师生之间交往的原因和内容，在很大程度上是有关学习，关于学生的认知，交往的目的也在于提高学生的学习成绩。中考、高考等中学阶段非常重要的水平性考试和选拔性考试中学生的表现，成为社会衡量学校的重要指标，学业成绩也成为家长最关注的方面。师生之间的交往，主要是围绕学生的智力学习层面展开。"工具主义的师生交往观导致师生不愿敞开心扉沟通交流，一心只想扮演好自己的角色，师生交往呈现出冷冰冰的授受过程，师生丰富多彩的生活经历、教育体验被遮蔽，师生的主体性被放逐。"[2]

第二，师生交往结构失衡。有学者认为："教师处于霸权地位，学生的语言被教师有意无意地拒绝倾听，久而久之，'失聪'就出现了，教师剥夺学生被倾听的权利，同时放弃自己倾听的义务和权利，丧失了倾听的能力。"[3] 在师生关系中，尽管近几十年来教育领域不断改革，强调学生的主体性，对学生的地位、特点的认识逐步加深，但由于师生之间天然的距离和地位的差距，师生之间的不平等依然存在。"因为师生平等是师生间的一种对称关系，但师生角色、任务不同，决定了师生之间还具有不对称性，而这种不对称性，决定了教师对学生的发展具有无限的责任。"[4] 在师生交往中，成年人的权威在很大程度上会影响着交往的平等性，师生交往结构的失衡依然存在。"教师过分解读教育权力，对学生合理的言行压制、

1 班建武，曾妮，等.教师关怀品质的现状调查——基于北京市石景山区四所中学的调查数据 [J].教育学报，2012（4）.

2 陈祖鹏.师生交往的实践困境及其超越——解释学的视角 [J].中国教育学刊，2019（9）.

3 李政涛.教育学的智慧 [M].合肥：安徽教育出版社，2008：200.

4 冯建军.他者性：超越主体间性的师生关系 [J].高等教育研究，2016（8）.

讥讽、惩罚……中小学生拥有多重身份（国家公民、受教育者、未成年人），具有多种权利，中小学生权利的失落突出表现为学生人格尊严权、隐私权、表达权、思想自由权等权利的失落。在师生交往中，学生的合理权利往往没有得到充分体现，例如学生'不着边际'的话语易被忽视，师生对话易流于形式，学生参与课堂的意愿被弱化、参与行为被压制等。由此，异化的教育权力和教育权利形成一种'共谋'，导致师生交往失却了教育正义。"[1]

二、中学师生角色关系与师生交往的德性伦理

师生关系作为诸多社会关系中的一种，意味着教师与学生作为师生关系的承担者，要尽可能去扮演好这种关系中各自的角色，并努力根据自己的理解去认识和运用这种社会角色背后的角色伦理规范。但教师与学生并非按部就班地遵循这些伦理规范，教师和学生会根据自己所处的社会背景以及自己对这些伦理规范及伦理规则的理解，"合理化"地解释这些规则。这种"解释"可以看作是教师与学生"塑造"师生关系伦理规范的过程。因此，师生互动的过程，就是师生在"解释""塑造"师生伦理规范的过程，在这个过程中努力建构和调适师生关系的角色伦理。

伦理规范与原则推动师生关系走向合理。《中小学教师职业道德规范》规定，教师应关爱学生。"教师必须关心爱护全体学生，尊重学生人格，平等公正对待学生。对学生严慈相济，做学生良师益友。保护学生安全，关心学生健康，维护学生权益。"规范伦理指导着师生交往关系的基本原

1　陈祖鹏.师生交往的实践困境及其超越——解释学的视角［J］.中国教育学刊，2019（9）.

则。在日常师生交往中，教师要关爱学生，对学生充满爱心与信任，尊重学生。尤其对中学生而言，教师的公正是中学生最重视的品质之一。

真正的师生交往关系要求重拾师生的主体性，倡导师生交往理性、拓展师生交往空间。师生交往是生命与生命之间不断对话、"视域"与"视域"不断融合的过程。"如果人们以个体原则为准去计算利益和价值，冲突就是无解困境。只有当人们能够以关系原则为准去理解利益和价值时，合作和幸福才成为可能。"[1]然而，在真实的教育生活中，教师往往是一个人面对多个学生，师生交往中在人数上出现"不平衡"的状态，这种"不平衡"一方面使教师无法满足每一位学生的诉求，教师也容易在与多个学生的多种问题的交往、处理中感到疲惫与倦怠，影响师生交往的质量；另一方面教师也很难真正做到走进每一位学生的内心世界，倾听学生的心声。这样的现实，需要教师用耐心与智慧公正对待学生，也需要学生学会站在教师的立场理解教师的难处及不足，给教师以最大的配合与支持。这些都无不说明美德伦理是师生关系得以维系的关键所在。

第一，师生交往的目标方面，突破工具理性的束缚，以促进师生双方的生命完满为目标。

师生之间的关系是一种教育关系，这种关系的伦理性在于其目的是师生双方的生命完满。一方面，在师生交往中促进学生的生命完满。师生交往需要教师的仁爱和包容，因为师生交往是"人—人"的互动与交往，是教育目标引领下的交往。师生交往过程中，学生在教育目标的达成过程中总是有一个自我发展和完善的过程。学生在这个过程中总是伴随着不断的试错，这个过程需要教师去呵护学生的成长。尤其在中学阶段，由于升

---

1 赵汀阳. 共在存在论：人际与心际 [J]. 哲学研究，2009（8）.

学考试的压力，学生的发展在各种数据的测评之下，变成了数字般的存在。师生交往成了围绕"数字"进行的交往，交往的目的在于"数字"的提升。师生交往中，应该关注除了数字所表征的学生发展的特点外，还应该关注到学生作为"人"的存在，"人"的爱与归属、自尊的需要以及自我实现的需要等多种需要得到重视，师生交往中的非数字化的、有温度的交往被关注。另一方面，在师生交往中，也应促进教师的生命完满。师生交往中，教师被视为拥有权力的一方，师生地位间事实上的不平等，使得师生交往中人们的目光多关注在学生上。然而，师生交往中教师的生命完满也应是师生交往的目标。教师劳动的重要特点是，它是一种情感劳动。在情感劳动过程中，教师需要面对学生多种情感，付出情感、调整情感，并掌握策略使这种情感劳动更顺利。在这个过程中，教师身心方面的付出与调整很多，尤其在学生的主体地位被不断提高，部分教师在教育活动中的权威式微的情况下，教师如何在交往中被尊重、被重视也是重要的课题。因此，师生交往应关注教师的生命完满，使教师精神、情感丰富，在职业生活中拥有更多的热情与动力。

第二，公正原则是中学师生交往的重要原则。

人的社会性本质决定了每个人都有关心与被关心的需要。德国哲学家海德格尔将关心描述为人类的一种存在形式，在他看来，关心是不可避免的，在教育这项充满爱与奉献的事业中尤为如此。在师生交往中，关心贯穿于始终。诺丁斯认为，关心意味着一种关系，它最基本的表现形式是两个人之间的一种连接或接触。从相关教育领域的研究发现，在中学阶段，学生更看重的教师品质是公正，而非关心。因此，尽管关心在教育工作中是最基本、最重要的品质之一，但对于更为成熟的中学生群体而言，公正品质的重要性更为凸显。

"公正是教师在教育活动中对待不同利益关系所表现出来的公平和正义，表现在教师与自身、教师与同侪、教师与学生等人际关系之中。其中最核心的公正就是教师对待学生的公正。"[1] 公正最核心的是权利义务的公正问题，"在最抽象的意义上，公正可以规定为以权利与义务关系为核心的人们相互关系的合理状态"[2]。

师生交往公正主要表现在不侵犯学生的权利，给予学生平等交往机会以及适切的补偿原则。首先，师生交往中尊重学生的人格尊严，不侵犯学生的权利。《儿童权利公约》中提到：不歧视儿童；任何涉及儿童的事情都要以儿童的利益为重；尊重儿童的意见；尊重儿童尊严……《中华人民共和国教师法》中也提到，教师要"关心、爱护全体学生，尊重学生人格……"《中华人民共和国义务教育法》中提出："教师应当尊重学生的人格，不得歧视学生，不得对学生实施体罚、变相体罚或者其他侮辱人格尊严的行为，不得侵犯学生合法权益。"其次，师生交往中给予学生平等的交往机会，对学生一视同仁，用同样的标准和规则与学生交往，而不是"贴标签"或者戴着"有色眼镜"有区别地对待学生。同时，教师也应给予学生平等的期待。教师期待在学生成长中的心理效应已经被心理学研究证实。再次，公正不是完全的均等。教师应该着眼于实际或者实质意义上的公正而不完全拘泥于形式上的公正。罗尔斯的差别原则以及诺奇克的不公正的补偿原则或多或少地涉及公正的补偿问题。师生交往中，教师应注意对交往不利群体进行一定的补偿，交往补偿的基本依据是尊重学生差异和独特性。例如，对于在交往中较为被动、害怕与教师交往、不善于展现

---

1 檀传宝.教师伦理学专题：教育伦理范畴研究［M］.北京：北京师范大学出版社，2003：71.

2 高兆明.道德失范研究——基于制度正义视角［M］.北京：商务印书馆，2015：43.

自己的学生，教师应给予更多的耐心和更主动的引导、交流。又如，对于弱势处境、生理或心理异常的学生，给予一些个别的指导、特殊对待等。总之，教师公正一方面有利于学生在学校生活中的成长；另一方面，公正的教师行为，使学生感受到了教师的美好、教育的美好，它在促进教师专业发展的同时，也促进着公正氛围的形成和学生公正品质的养成。

第三，中学师生交往的重要内容：认识和理解青少年文化。

相对于社会主流文化与学校主流文化而言，青少年学生群体中形成了自己的学生亚文化。青少年亚文化有多种表现形式，如学生的偶像崇拜、阅读偏好、影视文学喜好、服饰特征等。青少年文化，从社会主流文化角度来看，既有与主流文化一致的方面，也有与主流文化不一致甚至相对抗的方面。青少年亚文化，与主流文化相对抗，原因在于青少年要表达自我，体现自我的独立性与独特性，通过反讽、戏谑、反抗权威的方式证明自我存在的独特性和价值。师生交往中，如果教师缺乏对青少年文化的了解，会成为师生交往的阻碍。完全漠视青少年文化的特点是不恰当的，但如何认识青少年文化特点，对其进行合理的引导和有效利用，也并非易事。正如社会学家米德提出的，文化正在出现反哺现象，社会出现的"前喻文化、同喻文化、后喻文化"，表明青少年文化的觉醒，以及青少年文化的意义和价值。日本《教师伦理纲领》中规定："教师要同家长共同与社会颓废现象作斗争，创造新文化。""如今各种颓废的社会现象包围着青少年。教师们要与家长通力合作，通过大规模的宣传，创造健康的新文化，保护青少年免受社会颓废现象的侵蚀。"

教师对学生文化的理解，与学生的平等沟通，在面对青少年文化时显得非常重要。由于青少年文化在一定程度上与社会、学校主流文化有不一致的表现，容易造成成年人对未成年人文化的不理解、反对。教师应从社会发展变化带来的价值观的多元、从青少年发展阶段的特点，并从青少年文化本身的独特价值方面，去认识、了解、理解青少年文化的内容、影响。分析青少年文化，通过平等沟通，利用其合理之处，改善其不合理之处，促进青少年的发展。青少年文化具有独特性，也具有短暂性，更重要的在于青少年自我价值的张扬。教师的平等沟通与理解，是促进青少年学生平稳、顺利度过这段个性张扬时期的重要因素。

第二节　文化张力下中学师生交往的伦理特点

在中学学段，中学生群体身心发展的特殊性，使得"文化"特点及其相互作用更为鲜明，青少年文化、学生亚文化、同辈群体文化等研究均已充分显示了中学生文化的这一特殊性。因此"亚文化""文化张力"及其理解对于中学教师专业伦理构建的意义，相较于其他学段，就显得更为突出。

一、中学生文化的特点

文化是一群人所共有的集体表象和准则，调节个人之间关系、限定人的行为，使同一社群中的人们能互相预知对方行为的一些规范。如果说文艺复兴、宗教改革是发现了"人"，进步主义、自由主义教育运动是发现了"儿童"，日渐远去的 20 世纪则发现了"青年"。一个突出表征就是：20 世纪以来，对青年文化的研究成果丰硕，"抵抗""风格""亚文化""文化"这些词语已经成为青年文化研究中的关键词。

中学生所处的青春期前期、中期，是个体身心急速发展的阶段。青春期使得中学生的文化呈现出许多突出特点。教师伦理中常常提及的"平等""尊重""理解""对话"等规范、原则与理念，不仅仅为人的自然权利、教育的本质特点所决定，最为根本的还是离不开从社会文化角度对学生群体的理解。

（一）中学生文化是中学生及其同伴群体的独特亚文化，是中学生的生存方式

相对于社会主流文化而言，存在着多种亚文化，学生亚文化是其中一种。正如成人文化是成人社会的产物一样，学生亚文化是学生及其同伴群体的产物。

中学生亚文化的形成，与中学生的身心发展特点、生活经历、同辈交往、师生关系等都有密切关系。中学生的自主意识逐渐萌芽与发展，他们追求独立自主但又不能完全独立自主，他们逐步"成熟"，但又"未成熟"，在这样一种矛盾发展的状态中，形成了独特的亚文化。

中学生亚文化与主流文化，既存在一致性，也存在对立与冲突。"学业文化""学术型文化""好孩子型文化"，这些青少年文化的特点表明学生文化与主流文化的一致性。而"娱乐文化""偏差文化""偏差行为文化""玩乐型文化""违规型文化""大话文化"等特点则可用来阐明青少年文化与主流文化的不一致、冲突。所谓中学生亚文化，可谓中学生的一种独特的生存方式。

（二）中学生文化是一种过渡时期的文化，它具有不稳定和可塑性

社会学家莱斯克认为，"青年是跟儿童、成人有区别的。他们既不是儿童，也不是成人。他们是处于发展中的人"。

若从社会化的角度来看，学校是次级社会化场所，学生的学习则是接受成人社会的文化，成长为社会人的过程。青春期的中学生是处于社会文化边缘的"边际人"。但中学生的"边际人"角色并不是一成不变的，当他们逐步迈入成人社会，他们的文化也逐渐发生改变。因此，中学生文化是一种过渡的文化，是从儿童到成年、从不成熟到成熟的过渡，因而也具有不稳定性。

与之相应，中学生文化的不成熟性，也意味着它具有较强的可塑性。"青年作为'过渡主体'（transitional subjects），意味着不确定和危险性，他们要不断接受人生的改写，这使得青年属于可塑性特别强的群体。既不是成人这样，也不是儿童那样，青年总是处于两者之间的形成过程。"[1]

二、教育场域中的文化张力

中学生的文化特点，使得文化交往成为中学教师劳动的特点。师生交往是在教育场域中进行的。所谓场域，是"作为包含各种隐而未发的力量和正在活动的力量的空间，同时也是一个争夺的空间，这些争夺旨在维续或变更场域中这些力量的构型"[2]。场域中存在着不同的力量及其交互关系，教育场域中师生文化更存在着多种张力，主要表现在以下几个方面。

（一）成人社会文化与青少年文化之间的张力

教育活动中，教师与学生有着各自不同的价值观、规范、习俗等，教师文化与学生文化存在很大不同。造成这种不同的最重要原因是代际差

---

1 Nancy Lesko, Susan Talburt. *Keywords in Youth Studies: Tracing Affects, Movements and Knowledge* [M]. New York: Routledge, 2011: 1–2.

2 布迪厄，华康德. 实践与反思——反思社会学导引 [M]. 李猛，等译. 北京：中央编译出版社，1998：139.

异。教师往往是"国家""社会""成年人"的象征，而中学生所努力追求的"个性""叛逆""创意"文化等所针对的正是"成年人"社会及其文化。同时，多数中学师生之间还存在着不小的年龄差异，这意味着教师与学生是在不同的时代背景下成长的，他们来自不同的家庭，有着各自的成长背景，身上都烙印着时代、社会和家庭文化的影响。

教师与学生在角色、年龄和成长时代的差异，会造成双方在思想和行为方式上存在差异和冲突，尤其在社会发展变化迅速的时代，代际差异与冲突更为明显。如当前青少年的网络文化、消费文化等，是青少年学生所特有的文化特点。面对青少年文化，常常听到中学教师感慨"不知道他们喜欢什么，他们为什么会喜欢这些""真不懂这些学生""不理解，实在不理解"等。

也正是因为这一点，青少年学生面对新的社会背景，更愿意从同辈经验、自我体验中寻找经验和认同，获得与成人不同的文化。面对师生交往的差异与冲突，教师专业伦理的重点在于：教师能否对代际文化张力有所觉察，并明晰差异的根源，尊重青少年的"文化在场"，并鼓励青少年主动寻找共同经验和文化间的认同。在新的时代背景之下，教师有时候需要在文化立场上与时俱进，学会"合理在场""体面退场"。

（二）规范文化与抵抗文化之间的张力

学校是社会化的重要机构，学校文化的特点是它是一种制度文化，是一种公开的、强制性的规范体系，强调规则与秩序。作为学生社会化的主要促进者，教师是社会文化的传递者，也是制度文化的执行者。教师文化具有执行者文化的特点。

当然，在制度化的学校教育中，学生并不是任由知识灌输和被操纵，尤其中学生处在自我意识逐步形成并日益凸显的阶段，对制度文化的意图会产生反思与觉察，也会有意义地建构知识，根据自身的价值判断对制度文化进行有选择地接受、解读和认同。面对教师传递的制度文化、规范文化，教师群体的执行者文化，学生文化表现出不同的样态，有认可性文化、抵抗性文化等，因此，学生表现为与学校成就价值相一致或相抵抗、背离。师生之间存在着制度规约下的规范文化与抵制文化之间的张力。学校的经典文化教育与学生用戏谑的方式消解文化的经典性，学校的校服规范与学生的校服涂鸦、裁剪等，都是学生通过显性的、隐性的方式表达自我文化主张、对抗制度文化的规训的典型表现。

师生代际文化之间，以及制度与抵抗文化之间的张力，并不都具有破坏性，即使是文化冲突在某种条件下也具有建构性意义。因为冲突会加速代际之间走向协调，抵制也是一种建构的过程。因此，问题的关键在于，教师如何在伦理上认识、处理这些文化间的张力。

三、文化张力下中学师生交往伦理的特点

（一）价值观澄清成为文化交往的中心任务

学生文化是学生群体所共有的价值观念和行为方式。师生价值观的差异性是师生文化张力的主要表现。在师生文化张力中，需要考量中学生的价值观与教师的价值观两方面。一方面，教师代表成人社会，教师传递主流文化、规范文化，文化具有一致性、单一性。而中学生在生活中产生的欲望具有自发性，在社会多元价值观的影响下，文化趋向多元。规范要求与自主需求、主流价值观与多元价值观时刻存在于学校、班级时空中，师生之间的文化张力，实质是师生的需要体系和价值观的张力。另一方面，教师自身也拥有个人的价值观体系，形成教师的独特文化。教育活动并非

是价值中立的活动，教师个人价值观与职业价值要求之间会产生相互影响。教师"价值有涉"影响教师的教育行为及教师所传递的价值观。

由此，教师专业责任中的价值观关键问题包括两方面——帮助学生澄清价值观和实现教师价值观的自我澄清。一方面，与小学阶段、大学阶段不同，中学阶段是学生价值观意识萌芽并逐步发展、趋向成熟的阶段。青春期被视为"疾风骤雨"时期，青少年的价值观引导的重要性在这一阶段更为明显。同时，中学生具有自主而不成熟的特点，也需要得到成人的价值观引导。在多元价值中，引导学生澄清价值观，促进学生发展理性精神、辩证能力，懂得如何选择，是教师的重要责任。在承担这一责任的过程中，教师的价值引导与学生的自主建构之间需要寻求合理的平衡。另一方面，由于教育教学活动是"价值有涉"的活动，教师的价值观也需要更新，包括如何理解社会多元价值、如何认识师生文化张力、如何调适自我的价值观与制度的要求等方面。价值观澄清，并非仅仅限于师生各自澄清价值观，而是实现师生在文化交往中"和而不同""求同存异"。

（二）平行教育影响是文化交往的重要原则

作为与成人社会的文化相异的学生亚文化，表征着青少年学生的价值观、规范与行为方式。青少年亚文化也有多种文化样态，在中学生群体中，因为学生群体之间文化的吸引或排斥而形成不同的学生群体，即不同的同辈群体。同辈群体分为正式的与非正式的两种。非正式的同辈群体是中学生群体中更为突出的一种群体组织形式。由于"非正式群体"在年龄阶段上多为十几岁或青春期的青少年所组成，所以小学与大学阶段的非正式同辈群体特征并不明显。中学生非正式同辈群体具有自发性、平等性、开放性、文化相近性、独特性，非正式群体的文化对群体成员有较强的规范性，群体成员自觉地遵守群体规范，它为学生提供平等互助的环境，提供了获得非成人赞同和许可的源泉。

中学教师伦理责任的实现，不仅仅通过教师与学生个体交往方式，还通过教师个体与学生群体、教师群体与学生群体的交往。"群体"成为教师与学生在学校的存在与交往方式。一方面，教师个体与学生群体交往方式凸显。中学教师伦理责任的实现，仅仅通过教师个体与学生个体相互作用的方式，难以关照到学生非正式群体的隐性影响力量。教师对中学生的伦理引导、价值观影响，需要将学生群体的亚文化特征、不同学生群体的不同文化特征加以考量，通过影响群体文化中共同价值观念、群体的向心力和凝聚力，来对群体中的个体产生影响。由于学生对非正式群体文化存在较多认同，平行教育影响有较大作用。因此，非正式的同辈群体文化，作为青少年学生通过多种方式和兴趣形成的伸展性的组织网络，教师也被卷入这种组织网络中，在这一网络中生存、容忍、行动和力争取得成果。师生交往体现出教师个体与学生群体交往的特点。另一方面，教师群体与学生群体交往方式凸显。教师不仅仅是被卷入学生的非正式群体、学生亚文化这样的网络中，教师本身也构成了同样的文化网络。教师基于成人社会的规范、教师的专业角色责任，形成了不同于学生亚文化的网络，并且通过教师群体，维护群体文化、群体价值观的正当性，追求成人社会的目标达成。因此，师生交往之间的部分冲突，是成人群体与青少年群体的冲突，是社会主流文化与亚文化的冲突，是代际的冲突或群体的冲突。师生交往是作为一个群体文化的代表与另一个群体文化的交往，在交往过程中实现双方价值观的进一步澄清。

（三）理解与对话是师生交往的核心伦理

从代际文化张力的角度看，师生之间的文化张力并不是年轻人对成年人的反抗和逆反，而是不同时代背景下的价值与规范的张力。从制度规范下的师生文化张力角度看，学生亚文化，是对自我存在的表征、对规训的反抗。师生之间的文化张力，甚至文化冲突，并不是不可协调的。对话与理解是中学师生交往应遵循的伦理原则。诚然，小学或大学学段也提倡师生之间的对话与理解，但其他学段更多的是从人的个性、权利及心理等角度提出的。中学学段的对话与理解原则，主要是在社会变迁、文化传递模式背景下，成人社会的文化与青少年文化的对话与理解。青少年学生身心发展逐渐成熟，使得理解与对话成为可能。

第一，后喻文化向前喻文化转变，教师权威式微。美国文化人类学家米德将文化传递模式分为后喻文化、同喻文化与前喻文化。后喻文化是现在复制过去的文化传递模式，因此，在后喻文化模式下，教师的权威绝对化。而现代社会文化传递模式越多体现出前喻文化的特点。前喻文化是面向未来，"是一种全新的以开拓未来为使命的文化传递模式，代表未来的是晚辈，而不是他们的父辈和祖辈"[1]。文化传递模式中的主体是年轻一代，成年人需要"再社会化"，文化反哺等现象表明教师传统的权威逐步式微。

第二，教师权威式微推动师生交往的理解与对话。当我们常常听到中学教师感慨"真是不理解现在的中学生""学生为什么会喜欢这样一种文化现象""学生感兴趣的文化现象我都不了解""现代新兴媒体怎么运用""和学生的'代沟'越来越大"等，从具体的学校生活中可发现，中学教师越来越多表现出需要向年轻人学习的特点。"莱斯克解构传统的理解青少年的方法，她认为我们不仅要问，青年人能从我们这里学到什么，

---

1 玛格丽特·米德. 文化与承诺——一项有关代沟问题的研究 [M]. 周晓虹，周怡，译. 石家庄：河北人民出版社，1987：93.

而且要问我们从他们身上学到什么？她在这方面所做的展现了一种指向理解权力和文化关系之间关系的新方法论取向。"[1] 理解学生的文化内容、文化特点，尊重学生文化，并摒弃"年龄歧视"，与学生展开平等对话，才能充分体现这一阶段对学生主体性、多样性的尊重与保护，也才能在良好的互动中促进教育活动的和谐。

（四）文化张力的矛盾特性使得中学教师专业伦理更具"弹性"特质

张力蕴含着矛盾，是一种对立统一的存在。为了维持对立统一的状态，矛盾的双方力量会有此消彼长的变化和协调，这就是张力的矛盾性带来的"弹性"。"弹性"特质有助于力量对立统一的实现，否则矛盾不可化解而使得张力消失。教师文化与学生文化之间存在一定的"弹性"，就使得中学教师专业伦理也更具"弹性"特质。

第一，教师专业伦理"弹性"的基础是教师文化的"开放性"。在社会变迁、文化多元的背景下，文化传递模式变化使得教师文化具有开放性。开放性，首先意味着教师文化面向社会背景的开放，在多元文化背景下澄清教师自我价值观；其次，开放性意味着教师文化对学生文化的开放，了解学生文化、尊重学生文化。教师专业伦理开放性特点是，教育活动中，教师在文化传递时敞开多种文化样态，在与学生交往中接纳与包容学生的文化特点，在自我反思中丰富自身的文化内涵。

第二，教师专业伦理的"弹性"表现为教师文化与学生文化相互调适性。中学时期是从不成熟向成熟的过渡，中学生文化本身处于变化中。又由于社会文化体系也在不断变化中，教师文化与学生文化的力量对比会产

1　Nancy Lesko. *Act Your Age! A Cultural Construction of Adolescence (Second Edition)* [M]. New York and London: Routledge Talor & Francis Group, 2012.

生变化。后喻文化背景下教师文化的权威性强，而前喻文化传递模式下学生文化的力量增强。因此，代际文化之间的张力、制度下的规训文化与抵抗文化之间的张力，在学校场域中都在不断相互调适，达到一种较为平衡的状态。教师的"弹性"意味着，教师在教学、师生交往中，加强文化对话而不是对抗，包容学生文化而不是排斥，引导学生成长而不是强制规训或改造学生文化。

第三，教师专业伦理"弹性"的本质是师生伦理的建构性。中学生的自主性发展的特点，使得学生具有建构的能力；教师文化的开放性，也促进建构的实现。师生都在自我建构的过程中与对方交往，在交往中建构"和而不同"的文化。师生伦理的建构性指向两方面目标：一方面，建立师生之间的共同理解。师生双方在文化交往中，理性地审视彼此的文化特点；在相互学习过程中，彼此文化意义得到丰富。这些意义的交融与碰撞，推动师生朝向共同的目标，建立共同的理解。另一方面，改善学校文化，共同建设社会文化。传统社会中的社会文化是由成人社会建构的，青少年的发展性、创造性的特点，以及青少年作为社会的走向成熟的个体的特点，使得青少年文化在社会文化中的价值意义凸显，青少年也承担着文化建设的重要任务。因此，教师专业伦理建设目标在于改善学校文化生活，促进师生共同努力，建设更完善的社会文化。

总之，青春期是学生从稚嫩走向成熟的过渡时期。青少年学生的文化觉醒、文化多元化、对成人社会文化的抵抗、认同或服从等，表征着青少年学生的力量。教育过程就是两种文化的交流碰撞过程，师生在充满着力量关系的教育场域中交往。文化力量的张力，使得中学教师专业伦理必须对文化进行充分考量，培养学生文化素养，并发挥社会文化建设、文化改造的功能。

教育活动中涉及师生交往。教育活动的重要特点之一在于教师对学生的关心与爱，这是一种在职业场所中的亲近情感。师生之间保持一定的距离，这样教师既能亲近学生又能自然地规范学生。然而，师生交往过密超越了情感边界，师生关系演变为多种复杂关系的情况，在校园中也有发生。比如，学生暗恋教师、教师单恋学生、师生恋、教师猥亵学生。这多种关系中，教师猥亵学生从法律上而言是违法行为，必须坚决杜绝。而关于师生恋，在大学和中学不同的学段，人们的观点和态度不尽相同。中学生的生理心理发展特点、中学师生的角色地位等，使得从中学师生伦理角度辨清中学师生恋问题显得迫切与重要。

一、师生恋概念的核心要素

如何界定和认识师生恋，借鉴相关研究可以发现，师生恋概念的核心要素有三个：

第一，在社会身份要素上，师生恋属于一种"双重关系"。美国学者从角色理论角度指出，这种关系的特征是其同时归属于两种互相冲突或竞争的角色类别，即关系双方既存在私人情感关系，又首先存有一种教育职业关系。而由于教育职业目标所赋予教师的权利和义务，两种重叠关系之间存在冲突。

第二，在行为性质要素上，"师生恋"是一种恋情—涉性关系。如果将师生关系分为教育职业关系和非教育职业关系，师生恋则属于非教育职业关系。师生恋与其他非职业关系相比，具有额外的情感投入及人身处置因素，且涉及人类道德体系中较为特殊的性关系。

第三，在主观状态要素上，如果关系双方中有一方（已满14周岁——编者注）并非自愿，则该关系就异化为性犯罪或性骚扰行为，从而超出对本概念的讨论范畴。[1]

从师生恋的核心要素来看，师生恋是教育职场中形成的私人情感关系，是一种非教育职业关系。这些核心要素已经表明师生恋并不是教育活动中的职业关系，因而引发人们思考其存在的正当性。人们常说"恋爱自由"，师生恋是否也可以遵循"恋爱自由"的原则呢？这里所谓的"自由"，需要考虑上述核心要素，考虑情感产生的领域和情感双方的身份角色特点。

二、师生恋原因解读

师生恋产生的原因，仅仅简单进行道德判断并不够，还需从师生双方的心理视角进行解读。师生恋情的发端是有不同表现，有的是学生恋上教师，有的是教师恋上学生。在中学阶段，大多表现为学生对教师的爱恋。

（一）发端于学生的师生恋产生原因

1. 教师魅力吸引学生恋上教师

学生产生对教师的爱恋，原因之一是教师具有的某些特点或魅力，吸引了正处于青春期的中学生。在学校生活中，中学生除了和同学朝夕相处，接触最多的莫过于教师了。教师的学识、风度、谈吐，常常会使学生十分崇拜；教师对学生耐心的帮助和关怀，又会使学生感觉十分温暖。教

1　杜维超.《教育部关于建立健全高校师德建设长效机制的意见》中"不正当关系"条款的法哲学分析［J］.中国教育法制评论，2016（1）.

师在中学生心中占有特殊的位置。部分学生会产生对教师的欣赏、爱慕之情。所以，能被学生喜欢或爱恋的教师，有独特的特质或优秀的品质吸引了学生。青春期的学生容易对异性产生朦胧的情感，有的学生会将对教师的好感埋藏心底，而有的学生则可能陷入这种感情中不能自拔。

2. 中学生性心理发展特点引发牛犊恋情

除去教师的某些特质是导致学生恋上教师的原因，中学生所处的特定性心理发展阶段是引发师生恋的最直接原因。中学阶段的学生处于青春期，是性心理发育的关键时期，会产生对异性的爱慕，这也就是中学生中恋爱现象比较多的原因，也是我们所称的"早恋"。但部分中学生的爱慕对象并不是同龄人，而是比他们年长的教师，产生了恋师情结。"从性心理发展的角度来分析，青春期复杂的性意识心理发展过程一般分为四个时期：第一个时期是'性的反感期'，也有的称之为'三八线时期'，表现出对异性的冷淡、粗暴、回避和疏远。经历半年至一年这种较短暂的'性的反感期'以后，即进入第二个时期，即'向往年长者时期'。这一时期的少男少女对同龄异性不感兴趣，而迷恋崇拜年长的异性，特别是一些才华横溢、卓有成就、潇洒倜傥的年长者。因此，也有人将这一时期称之为'英雄崇拜''牛犊恋''小犬之恋'等。这种迷恋一般在一二年内会逐渐消失，过渡到把同龄异性作为向往对象，从而进入第三个时期，即对异性的'狂热时期'和第四个时期——'浪漫的恋爱时期'。"[1]可见，恋师情结是中学生性心理发展阶段中的正常现象，但需要得到妥善的引导。

3. 中学生社会心理发展特点促发恋师情结

中学生渴望得到关注。中学生心理发展处于"断乳期"。处于青春期

1　钱焕琦.性道德修养：教师职业道德的重要内容 [J].思想·理论·教育，2004（9）.

的中学生独立意识变得强烈，期望摆脱父母的卵翼。由于亲子之间的代沟，中学生与父母的沟通交流也越来越少。中学生在发展中面临着独立与依赖的矛盾：一方面，他们摆脱父母的过分关爱，渴望独立，渴望证明自己有独立的能力，去自由实现自己的梦想；另一方面，他们的能力、条件还不能使他们摆脱父母的呵护，他们在各方面还需要父母的帮助。这种独立与依赖的矛盾，使得他们渴望理解与帮助。中学生的生活范围主要是家庭生活与校园生活，他们环顾自身的生活范围，与自己朝夕相处、关爱关心自己成长、传道解惑的老师，有阅历、有才华、有智慧，充满成熟之美，很容易占据他们的心灵。当教师主动接近他们，能够做知心朋友，发现他们的闪光点，积极鼓励和热切期待他们的进步与成绩，这些渴望被关注的学生就容易发生一些心理变化，在他们的内心深处，教师似乎成为他们生命旅程中重要阶段的思想"明灯"和情感"支柱"。他们逐渐感觉到，只有教师才能真正理解自己，关心自己，对教师的情感越来越深。

中学生人际交往障碍也容易引发恋师情结。中学生的人际交往主要包括亲子交往、同伴交往以及师生交往，亲子之间、同伴之间的不良交往关系，如果在师生交往中得到补偿，学生也容易产生对教师的过度依恋，形成恋师情结。在亲子交往方面，处于青春期的学生的不良心理特点主要有青春期闭锁心理、逆反心理等，造成亲子交往的代沟，甚至可能引发亲子冲突。而当他们面对教师的时候，教师了解学生心理特点，循循善诱，学生感受到被理解、被尊重，向成年人所竖起的"藩篱"或"屏障"消除了，对教师的好感也油然而生。在同伴关系中，一些学生由于受到过度的宠爱，社会化能力弱化，缺乏与他人友好交往的能力，再加上身心各方面急速发展，理性分辨力较差，而自尊心又往往较强，常常容易因"好面子"而出现所谓的"交际恐惧症""交际障碍"。这一时期，如果教师关注这些渴望与同伴交往却又不会交往的学生，排解、疏化他们紧张焦虑的心态与情境，设法点拨、提振他们正常与人交往的精神和信心，以及提供某些必要和重要的交往手段与技巧，这些学生也会产生对教师的信任、佩服之情，部分学生也因此形成了对教师的依恋。

（二）发端于教师的师生恋的产生原因

师生恋也有可能发端于教师。由于教师对学生的特殊亲密情感，教师主动接近学生，与学生形成恋爱关系。发端于教师的师生恋，心理学分析认为，其产生原因主要有：第一，教师的"洛丽塔情结"。它主要指男性潜在的对少女的性爱心理倾向。中学校园的男教师与女学生的师生恋，从教师角度可以被看作是洛丽塔情结的表现。第二，补偿情结。补偿情结就是某种心理需求没有得到正常的满足而形成的一种潜在补偿心理倾向。补偿情结有很多不同的情况，补偿婚姻缺憾、情感缺失、心理空虚、心理失衡等。这种补偿情结在师生恋中比较明显。此外，师生恋也不能完全归因于心理原因，也有年龄等因素，比如刚毕业的大学生，与高中高年级的学生相比，年龄差距不太大，虽说也是师生恋，但与通常的男女相恋没多少差别。[1]

三、教师职业道德规范对禁止中学师生恋的规定

关于大学师生恋是否被允许，有多种争议性的观点，有对此并不反对的观点，如：部分人认为大学师生之间两情相悦，不违背法律或伦理道

1　马志国. 做一个心理健康的教师：教师心理咨询的 48 个典型案例 [M]. 北京：教育科学出版社，2013：138-139.

德，则关系就是正当的；成年人有恋爱的自由；在师生恋关系中，当事人的社会身份及行为性质不应成为公权力干预的依据等。但也有对大学师生恋表示反对和禁止的观点，例如：1984 年，哈佛大学率先发布了禁止教授（包括教授的学生助理）和其直接授课与指导的学生之间有浪漫关系的规则。此后的很长一段时间里，校园里没有直接教学与指导关系的师生恋还是允许的。1986 年，美国爱荷华大学也有这样一条规定，只要是师生恋，老师在道德上就不合法，就必须取消他的教师资格。耶鲁大学的《师生合意性关系政策》指出：教师对学生负有监督或教育责任时，教师与学生的性关系是被禁止的。华盛顿大学的政策进一步明确了：如果师生之间存在恋情关系，则必须中止教师所处的"受尊重的职业权威位置"，具体措施包括学生取消选课、更换教室、更换班级、退选课程等。2011 年 11 月，我国台湾地区的教育部门规定：只要发生师生恋，在道德上就认为不合法。任何教师，只要和自己的学生发生恋爱关系，他的教师资格必须终止。

大学师生恋是否允许还有争议，而这一问题在中学学段就是一个无须争议的问题。在中学阶段，一些国家也有关于师生恋问题的法规，例如：

在日本，只要学生一方未成年，这种师生恋就是绝对不被允许的。一旦出现这种情况，教师多数面临被开除甚至今后不能再从事教育事业的惩罚，甚至还要吃官司，学生也往往会受到处分和教育。日本青少年健全育成条例规定，凡对未满 18 岁的青少年有猥亵行为的要判两年以下徒刑，罚款 100 万日元。而猥亵和恋爱的划分基本上凭当事人的证词，而且猥亵罪是没有时效的。日本就曾有 14 年后被当年"恋"的学生以猥亵罪告到教育委员会的老师，受到了惩戒免职的处分。

师生恋在阿根廷被定义为禁忌之恋，如果一位老师在学校里和学生谈起了恋爱，会被视为没有职业道德。如果学生还未成年，那么这种行为就是一种犯罪，老师会被解聘，并且很难再找到教育方面的工作。而性骚扰学生则是不折不扣的罪刑。

在德国，虽然没有专门的法律明确禁止师生恋，尤其是大学生和教授之间，法律不会去干涉两个成人之间感情上的自由，但是师生之间的所谓恋情或者是类似的超越授业和学习之间的关系，不仅会受到道德的谴责，也会违反教师职业准则。德国没有专门的师范院校，教师都是普通大学生毕业后再去接受专门的教师培训，考试通过之后才能成为一名教师。而在培训中就有专门针对师生关系的内容，比如说哪些行为是在正常的师生关系范围之内，哪些是应当避免和禁止逾越的底线等。随着教师队伍的年轻化以及日益早熟的学生，师生关系在德国也是一个不容忽视的问题，师生恋以及其他不正当关系的事件也是屡见报端，其中最受关注的当属2012年汉堡一名46岁的男教师与一名14岁女学生的超越师生关系的丑闻，该名教师最终被送上了法庭，受到了法律的制裁。为了更好地规范教师行业标准，保护未成年学生免受侵害，甚至有机构在联邦议会中呼吁，尽快起草专门的法律，禁止教师与学生发生性行为。

在新西兰，教师与学生相处是有相关守则的。教师不能与学生交往过密，更不能有亲密行为。此类案件一旦被揭露，会交到同业公会或协会跟进调查，同业公会或协会有裁判权，经过对案件的调查，最后做出裁决，决定是否剥夺涉案人的执业资格证。这些涉案人士，会视案情轻重，要么受到同业公会或协会的处罚，要么受到谴责，要么丢了工作，违法的会受到司法机关的检控和判刑。西方人对待这类问题，往往十分理性，对此制定了严格的法规，并以法律武器作为最后的防线来惩处此类违规行为。

在我国，关于中学师生恋问题没有明确的法律，但是从相关法律法规的规定中，也可以看到对不利于学生健康成长的行为的抵制，对教师的高尚情操的要求。例如《中华人民共和国教师法》第八条第五款明确规定了教师的义务之一是："制止有害于学生的行为或者其他侵犯学生合法权益的行为，批评和抵制有害于学生健康成长的现象。"第八章第三十七条第三项提到了教师"品行不良、侮辱学生，影响恶劣的"可能面临行政处罚，构成犯罪的，依法追究刑事责任。但描述显得模糊，对师生恋等没有明确说明。《中小学教师职业道德规范》规定教师："一、爱国守法。全面贯彻国家教育方针，自觉遵守教育法律法规，依法履行教师职责权利……五、为人师表。坚守高尚情操，知耻明辱，严于律己。"

四、师生交往伦理视角下禁止师生恋

（一）从师生的心理发展成熟度来看

中学生作为未成年人，心理发展还不成熟，社会阅历也有限，思想和情感尚处于不成熟的阶段，仅仅是因为教师的某些特点而对教师产生了爱慕之情。这种情感不是建基于对对方的全面了解，以及在自身心智成熟的基础上发展的情感。相比较而言，教师心理发展更为成熟，有较为丰富的阅历，知道学生对教师的爱恋是中学生心理发展的一个阶段。因此，教师应从成年人的角度为学生的长远发展着想，拒绝学生的情感表达，引导学生的情感积极发展。

（二）从师生双方的地位关系来看

师生之间在实质上存在一些不平等的关系。"师生恋的重叠关系中，师生双方分别对应了不同的社会角色：在教育职业关系中，教师对学生负有教育、监督、评价的角色义务和权力；学生则对教师负有服从的角色义务。而在私人情感关系中，双方则互为对方的情感对象，教育职业关系成为被遮蔽的隐性关系……在教育职业关系中，教师对学生拥有管制和评价的权力。美国学者指出，教师对学生拥有各种支配性权力，可以分配学生的利益，例如决定学生的学业成绩、为其升学进行推荐等，因此师生关系实际上具有等级本质，师生之间的权力差异使得学生处于弱势地位，因而教师与学生的任何涉性关系都极可能是一种权力的滥用。"[1]

学生作为未成年人，在许多方面需要得到成年人的指引，所以在一定程度上，教师在教育活动中处于支配地位，学生处于被支配的地位。为了确保教育活动的顺利进展，教师对于学生拥有一定的控制和管理权，如班主任掌握奖励、处分、成绩评判的权力等。师生之间地位事实上的不平等，要求教师不滥用自身所拥有的权力，在对待学生的时候能一视同仁，不偏心偏颇。而如果师生之间产生了恋爱关系，由于教师情感的卷入，很容易导致教师在教育过程中的不公正，容易导致教师对自己所拥有的教育资源的滥用，比如对某个学生给予更多的奖励等。从伦理学角度来说，当私人情感和公共场所的工作要求结合在一起，就可能会产生违背公共伦理、职场伦理的事件。这种情况在事实上实际违背了交往中的公平原则。所以，师生之间的教育地位事实上存在的不平等，决定了师生恋必须被禁止。

（三）从教师职业的示范性特点看

教师是学生的榜样，教师在教育教学活动中应展现出良好的道德修养，以对学生产生正面影响。中学师生之间发生恋爱关系，不仅可能出现

---

[1] 杜维超.《教育部关于建立健全高校师德建设长效机制的意见》中"不正当关系"条款的法哲学分析 [J]. 中国教育法制评论，2016（1）.

教育不公正，而且这种恋爱关系可能会使学生对教师的道德品行产生负面评价，认为教师职业道德低下。与未成年的学生发生恋爱关系，教师的道德威信会下降，学生也就不那么信服教师的教育了。

五、教育场域中师生亲密情感关系的良性构建

师生交往的关系亲疏需要把握一个较合适的尺度，不应过于疏远而缺乏有效的师生互动，也不应过于亲密而跨越师生在教育场域中交往的界限。

（一）教育这一公共领域中的师生交往遵循"文明"原则

1. 师生交往具有公共属性

从社会学的社会组织与初级群体的视角来看待班级，有学者强调班级具有初级群体的特点，发现了情感、亲密的互动在班级师生交往中的重要特点，由此引发教育者关注与受教育者的亲密互动，教育者的爱心、责任心等情感对受教育者发展的重要作用。对班级的分析拓展到对学校的分析，也可以发现学校所具有的情感性特点。但是，在人们关注师生交往的情感性的同时，还应关注到学校所具有的社会组织的特点，它有清晰的组织目标、组织结构与组织要求。从现代教育的发展可以看出，教育的规范性、制度性、公共化的属性也同样明显。教育场域是一种公共场域，教育具有公共性的一面。师生交往也具有公共属性。

师生交往的公共性源自以下三点：第一，师生关系会发生在陌生人环境中。师生之间虽然情感亲近，但毕竟存在较大程度的陌生感。另外，师生交往中，其他教育者、行政管理者、家长、社会某些成员也会参与其中，使得陌生人的范围变得更大。第二，师生交往遵循社会组织的相应原

则，交往双方依据一定的组织规则进行交往。例如，教师需平等对待学生、尊重学生人格等信念、原则、规则。组织规则使得师生交往需要遵循伦理的要求，不得突破伦理底线。师生恋则是突破了学校这一组织的师生交往原则。第三，师生交往是在公共空间中进行的。课堂上、课堂外如办公室的师生交往，都是公共空间而非私人空间。而且学校这一公共空间中的交往，还具有教育属性。因此，它不是私人空间，不是私人情感的表达场所，师生交往空间的公共性也使得师生交往具有公共性，师生恋违背了这一特定场所的交往要求。

2. 师生交往的"文明"原则

理查德·桑内特提出，在公共领域和公共生活中应该追求"文明"。他给文明下的定义是："它是一种活动，保护人们免遭他人骚扰，然而又使人们能够享受彼此的相伴。佩戴面具是文明的本质。面具隔绝了那些佩戴面具者的个人情感，遮盖了交往双方的能力和心情，从而使得纯粹的社交成为可能。文明以避免自我成为他人的负担为目标。"[1]这个文明的定义突破了"与粗俗相对的"简单理解，把文明与社会活动的公共属性紧密结合起来，而且从定义层面确定了文明作为公共性活动的核心价值观。

"文明"意味着教师和学生都需要在角色规定下扮演好各自的角色。作为公共领域中的交往关系，文明的师生关系就是不骚扰对方，不给对方带来骚扰或负担。中学师生恋，不论哪一方是发起者，都会给对方造成负担或骚扰，违背了师生交往的文明原则。桑内特认为，"佩戴面具"是文明的本质。教师的劳动具有情感劳动的特点，在情感劳动中，教师需要调整情感，戴着"情感的面具"与学生交往。因此，在师生互动中，双方均

1　理查德·桑内特.公共人的衰落［M］.李继宏，译.上海：上海译文出版社，2008：337.

不能越过情感界限。

（二）亲密但有界限的师生交往建构策略

师生恋、恋师情结并不是当前学校生活中的普遍状态，但也不能轻易认为是"可以随意忽视的个别事例"，因为师生之间的关系是学生成长中非常重要的一种关系，它关系到学生今后的心理及与人交往问题，关系到学生今后能否全面健康地成长发展这一重大教育问题，因而必须认真对待。良好的师生关系有助于学生积极情绪的形成，良好的师生关系也是师生双方教学生涯中美好的经历和回忆。因此，应该发展师生之间积极的、健康的人际关系。

"苏联著名教育家苏霍姆林斯基曾说：要使年轻一代正确对待爱情和婚姻关系，关键在于学校教育。从道德上培养爱情婚姻，为生儿育女、当母亲做父亲作准备，这是学校对人的个人幸福的关怀，而我们在创造着每一个人的幸福时，也就在创造社会的普遍幸福。"[1]师生交往影响着学生在校园生活中的幸福及未来的生活幸福。面对学生的爱恋和教师产生的对学生的恋爱情感，从教师视角应考虑如下问题。

1. 正视交往的情感问题，严格师生情感的界限

师生恋的发起者可以是学生。中学生的早恋常常被教师、家长视为洪水猛兽，师生恋也如是。教师应当了解中学生心理发展的特点，当学生产生了恋师情结，无需讶异，知道这是学生心理成长的自然阶段，只是这个阶段需要得到恰当的指引才不至于误入歧途。但有的教师容易认为学生产生恋师情结就是不务正业，完全不顾及学生的情感和情面进行错误的教育，有的教师则容易对学生进行斥责或贬损，这样的方式均是不恰当

---

1 钱焕琦. 性道德修养：教师职业道德的重要内容 [J]. 思想・理论・教育，2004（9）.

的。处于青春期的学生，他们的情感本身并无错误，而是心理发展的自然阶段。教师要善待学生的情感，不可鄙视、漠视或批评学生，而应学会从学生的角度看问题，考虑学生的情感接受度，正面、妥善地拒绝学生的情感，积极恰当地引导学生的情感发展。

师生恋的发起者也可以是教师。当教师对学生产生好感，应及时克制自己的情感，坚守教师专业伦理要求，在教育职场中坚持文明交往的原则。教师对学生的爱，应是符合职业要求的爱。

2. 教师端正品行，树立良好道德榜样

教师的魅力是引发学生恋师情结的重要因素。这样的教师大多数是教育教学工作负责的教师，也是受学生欢迎的教师。教师有一些好的品质吸引了学生，例如关心帮助学生、倾听学生心声、教学很出色等。不论是否收到学生的恋爱告白，是否知晓学生对教师的情愫，都应当注意自身的品行，遵守教师职业道德规范，并给学生树立良好的道德榜样。

在日常工作中，教师应适当减少与学生的独处，尤其是在私密空间的独处。在引导、鼓励学生，与学生谈话的时候，谈话的内容和方式尽量淡化个人色彩，以减少学生对教师个人的情感依恋。此外，面对学生成长中的问题，尽量多给予学生与其他教师、同学交流的机会。

当教师知晓或接收到学生的恋爱告白的时候，教师的态度要端正，不应"享受"这份爱恋，也不能有意回避，更不能无情打击。产生恋师情结的学生，相信或依恋教师，但通常都是情感较为敏感或脆弱。教师应尊重学生，善待学生的情感，既要让学生感受到教师一如既往地关注他，又要引导学生适当转移交往的注意力和着重点。

3. 对青春期的中学生进行有效教育

处于青春期的中学生在亲子交往、师生交往、同伴交往方面都有可能

会遇到交往障碍。例如，一部分学生向家长关闭了心门，不与家长交流，心理闭锁、逆反等；一部分学生可能在同伴交往中缺乏与他人友好交往的能力等。教师应引导学生多与他人交往，发展学生积极的人际关系，从而减少学生与某个教师的长期、单独交往，并通过发展多方面的交往关系，打开丰富的生活世界，避免沉浸在恋师情结之中。而且通过良好的人际交往，学生能发现多样的品质的魅力，而不是为某个教师的特质所着迷。例如，引导学生理解家长，学会正确处理亲子冲突；引导学生欣赏不同的教师，缩短或拉近学生与其他教师之间的距离；引导学生与同学积极交往，懂得交往的礼仪，通过交往了解同学的性格与为人，感受并拥有同伴间的真情与友谊。

教师应对中学生进行青春期的心理发展教育，使学生认识到自身心理发展的特点，当他们产生了恋师情结的时候，懂得这种情感的自然性，不至于为这份情感自责；了解恋师情结的不良影响，不至于沉迷其中不能自拔。

第六章　中学家校交往伦理

　　家庭是学生的第一所学校，父母是学生的第一任老师。在儿童早期的社会化过程中，父母对子女的影响明显大于其他人的影响，这是由血缘关系、物质生活依附关系等决定的。因此，学校和家庭应成为理想的伙伴关系。[1] 关于家校合作在学生培养中的重要性，教育者、家长等早已达成共识，而合作的基础就是教师与学生家长间良好的沟通。在学校教育内涵发展、现代通信技术广泛普及的今天，家校沟通的方式更加便捷，家校沟通的广度和深度都有了长足的发展。

1　吴志宏，冯大鸣，魏志春.新编教育管理学［M］.上海：华东师范大学出版社，2008：220.

第一节　中学家校交往的学段特殊性

家校交往、沟通、合作从幼儿园、小学到中学、大学，各个学段都存在，但在每个学段，交往的内容、频度和家校双方对交往的重要性、态度等方面存在着由于学段的不同所带来的不同。

一、中学家校交往的内容特殊性

中学阶段，学生的学业任务较重，尤其面临两项不同阶段的选拔性考试，因此，智育在中学阶段尤为重视。相比而言，幼儿园阶段更注重幼儿的安全、健康、交往等方面，小学阶段更注重儿童的行为习惯、基本道德品行、社会性发展等。而在大学阶段，家校之间的交往较少，主要是在学生的心理问题、职业发展问题等方面。由于每个阶段学生发展任务存在较大不同，中学阶段是学生学业发展的重要阶段，家校交往也主要围绕智育内容来进行。教师对学业成绩的提醒、家长对学业成绩的重视，压倒性地超过了对品德、社会交往等方面的沟通。

二、中学家校交往的形式特殊性

中学阶段较常见的家校交往形式相对比较单一，处于一种"规范化"阶段，大多是通过有限次数、有限时间的家长会来进行，也会辅以家访、单独谈话等。与之不同，学前教育阶段，家长通过接送幼儿、与教师单独谈话、家园共育、亲子活动等，可以有更多机会与教师交流。小学阶段由于儿童的不成熟，教师也会较多与家长交流，沟通学习任务的完成、良好学习习惯的养成等。大学阶段更多的是单独邀请家长进行交流，而且只在重要事件、特殊情境下进行较多。从家校交往的形式看，随着年级的变化，交往的形式越来越单一。

三、中学家校交往的频度与深度特殊性

幼儿与小学阶段，考虑到儿童的不成熟，家长更为重视与教师的交往，通过家校交往沟通，了解儿童成长的特点和家长应加强关注的方面。大学阶段，学生多为成年人，家长对学生的关注减少，与教师的交流几乎空缺。但是，与这几个学段不同，中学生处于发展的"成熟"与"未成熟"之间的状态。"成熟"是相对于低龄阶段而言，学生的生理、心理进一步发展，在理解、领悟教师的教育要求、完成教育任务方面，具有较好的理解力与执行力。"未成熟"，意味着学生并未完全发展为具有理性的自制力、控制力，去很好地理解与执行教育要求。因此，在教育活动中存在着学生的理解与真正执行之间的距离。对于家校交往而言，家长的态度方面会存在较为忽视与极为重视并重。家长较为忽视的态度，是因为其关注到中学生"成熟"的一面，将学生成长交给学生自己，忽视了"未成熟"的一面，忽视了家校交往。在家校交往中容易表现出冷淡、不主动的情况。而"极为重视"的家长，是考虑到中学阶段学习任务的艰巨，学生之间的竞争压力以及学生的"未成熟"一面，对学生更关注，积极主动地进行家校沟通。但是，也有可能产生对教育活动带来干扰的情况。

四、中学家校交往的话语权特殊性

在智育方面，与幼儿园及小学学段相比，中学学段学习门类增多、学习复杂性增加，在学生受教育过程中，面对学科专业知识，教师的专业性表现得越来越明显。在陪伴、辅助学生学业成长过程中，家长能在学业知识上所起到的答疑解惑的能力略有下降。家校基于学业问题进行沟通时，因为教师的专业知识素养，教师掌握着话语权。家长更多的是倾听、了解、配合。

除智育方面的交往外，当教师与家长就学生的品德、心理、个性特征等方面进行交往时，也容易出现话语权向教师一方倾斜。家校在智育方面交流时的话语权倾斜，主要是因为教师的专业知识、专业能力带来的。而家校在其他方面交往的话语权失衡，主要是由于教师与家长角色地位的不同、教师的职业素养造成的。教师是教育活动中的权威，在师生交往、家校交往中这种权威性都存在，家长常处于被动、听从、执行的地位，这种不和谐、不平等的家校交往较为常见。

▍第二节　家校交往中的规范伦理失范与教师的道德义务　▍

家校交往，是教师与家长为了实现共同的教育目标，双方通过多种方式进行了解、互动及合作的行为。学生的健康发展是家校之间合作沟通的唯一目的和根本指向，因此，所有家校间的合作行为都应以这个根本指向为原则。同时，家校间的"合作"关系，事实上应提升为教师与家长间的"命运共同体"关系。学生是家庭的希望之所在，是家庭命运的最终体现者；学生也同样是教师存在的根本理由之所在。家长与教师因孩子或学生而必须相互合作，必须共同担负起教育的责任。[1]

一、家校交往中的规范伦理失范现象与后果

在教师与家长的直接沟通中，存在着一些较为明显的伦理失范现象，近年来也引起舆论的广泛关注。例如，教师借家访的名义进行有偿家教；借调座位的机会，利用家长都希望孩子坐在好座位的心理，暗中收受家长贿赂；借教师节的名义，堂而皇之地接受学生家长赠送的礼金、礼品；在信息手段发展的情况下，教师从事"微商"等副业，暗示学生家长购买产品；等等。这类伦理失范的现象层出不穷、屡禁不止，严重干扰了教育教学的正常秩序和教育公平的实现。

追寻此类现象产生的原因：第一，利益的内在驱动诱发了教师行为的道德失范。在市场经济对人的观念造成巨大冲击、物质生存压力日益增大的情况下，很多教师过于看重个人利益，似乎已逐渐淡忘家校沟通的初衷。第二，教师对于个人权力的滥用，合法与非法利益模糊。当教育成为影响学生发展的重要因素，教师在一定程度上掌握着对学生进行评价、影响学生在学校获取的教育资源的差异的因素，家长无疑十分重视教师对于自己孩子的教育资源获得的优劣，从而对教师采取"送礼"等行为。一部分教师因为手握一定的"文化权力"，不能遵守廉洁从教的职业道德要求，忽视教育中的公平正义，对权力进行滥用，就产生了教育腐败。第三，教师收礼等行为，也反映了教师对于自身道德义务的认知不当或缺失。

---

1 李家成. 家校合作的问题反思与发展可能 [J]. 班主任之友，2013（Z1）.

廉洁从教是教师职业道德中的重要内容。教师与家长沟通中的腐败行为的产生，违背了廉洁的教师职业伦理。违背教师职业伦理会带来三方面的不良后果。第一，它会影响教师职业生涯，腐败是教师职业道德中的严重问题。第二，它会带来学生的不良发展。教师收受家长礼物而对学生产生区别对待，会使得学生获得的发展资源缺乏公平公正。具有不良价值观的教师，对学生的价值观发展也会产生负面影响。例如，部分教师在课堂上或学生交往中，明示或暗示学生，告知其家长对教师有所"表示"。这样的价值观会对学生产生不良影响。第三，由于教师与家长的沟通，是一种社会伦理，反映了教师的社会形象。而教师的腐败行为，是对教师社会形象的破坏。同时，这种行为也会污染社会风气。

二、廉洁自律——家校交往中的教师道德义务

　　从教育活动的特殊性来看，教师与家长的交往，虽然是成年人的交往，但它与普通的人际交往有很大的区别。在与家长的交往中，教师应该考虑到：

　　第一，教师不得用公共资源谋取私利。我国古代教育有私塾的形式，私塾是私人性质的，学生为了向老师学习知识，会支付一定数额的"学费"，称为"束修"。而现在的公立学校，教育主要是靠公共资源或国家财政支持。有学者从经济学角度分析，认为义务教育是具有纯公共产品性质，政府投资建立的各类高等学校、中等专业学校、高级中学、职业技术学校基本具有公共产品性质。教师收礼的现象，从这个角度可以视为是利用公共资源谋取私利。第二，教师不得用与学生之间的专业关系去谋取私利。教师拥有专业知识，并以专业的方法引导学生的发展。在较大程度

上，教师是权威地位，教师的专业影响、专业评价都是学生发展的重要资源。家长贿赂教师，无非是希望教师能够对自己的孩子区别对待，使自己的孩子拥有更多、更好的发展资源。教师收礼，是用专业关系、专业权利谋取私利。家校之间的平等、合作关系变成了金钱、利益关系，严重阻碍家校合作的健康发展，影响学生的发展。

家校沟通中的教师收礼等腐败关系，显示了教师对道德义务的认知不当或缺失。对家校沟通中伦理失范的现象，相关的法律法规也做出了规定，如：

教育部设立"红线"严禁教师收礼。教育部公开发布《严禁教师违规收受学生及家长礼金等行为的规定》（下简称《规定》），这是教育部首个针对教师违规收受礼品礼金等问题进行认定和处理的专门文件，为教师从教行为画定了"红线"，设定了"禁区"。《规定》明确的六条禁令分别是：一是严禁以任何方式索要或接受学生及家长赠送的礼品礼金、有价证券和支付凭证等财物；二是严禁参加由学生及家长安排的可能影响考试、考核评价的宴请；三是严禁参加由学生及家长安排支付费用的旅游、健身休闲等娱乐活动；四是严禁让学生及家长支付或报销应由教师个人或亲属承担的费用；五是严禁通过向学生推销图书、报刊、生活用品、社会保险等商业服务获取回扣；六是严禁利用职务之便谋取不正当利益的其他行为。同时，《规定》对违纪情况的惩罚也做出规定：对违规违纪的，发现一起，查处一起，对典型案件要点名道姓公开通报曝光。情节严重的，依法依规给予开除处分，并撤销其教师资格；涉嫌犯罪的，依法移送司法机关处理。

2005 年教育部印发《教育部关于进一步加强和改进师德建设的意见》中明确指出："坚决反对向学生推销教辅资料及其他商品，索要或接受学生、家长财物等以教谋私的行为"。2007年教育部下发《在关于大中小学全面开展廉洁教育的意见》中指出："把廉洁教育贯穿师德建设的各个环节，着力提高教师的思想政治素质、职业道德水平和廉洁自律意识。"2008年《中小学教师职业道德要求》中要求教师要"作风正派，廉洁奉公。自觉抵制有偿家教，不利用职务之便谋取私利"。2010年教育部在《关于切实加强教育系统廉洁自律和厉行节约工作的通知》中明确要求教育部门和教师要廉洁自律，"不准收受学生及家长的礼品、礼金、有价证券、支付凭证或其他财物"。"不准违反规定从事有悖于教师职业道德规范的活动，也不得向学生索要或暗示索要财物"。针对不时出现的学校管理人员或教师的贪污受贿现象，司法部门也加大了对教育系统贪污受贿的打击力度。最高人民法院和最高人民检察院在《关于办理商业贿赂刑事案件适用法律若干问题的意见》第五条特别规定："学校及其他教育机构中的教师，利用教学活动的便利，以各种名义非法收受教材、教具、校服或其他物品销售方财物，为教材、教具、校服或者其他物品销售方谋取利益，数额较大的，依照刑法第一百六十三条的规定，以非国家工作人员受贿罪定罪处罚。"

通过上述各项文件可以看出，我国对教师伦理规范的相关规定已经越来越具体化，开始以"戒律"的形式呈现，其操作性更强。除此之外，我国的台湾地区和其他国家对于教师廉洁从教，不收受家长礼物等行为也做出明确规定。如，我国台湾地区的《教师自律公约》规定："教师不应收受学生或家长异常的馈赠；教师对学生或家长金钱礼物之回报，应表达婉谢之意。"美国教育协会1963年通过的《美国教育专业道德规约》规定："在执行专业义务时，拒收可能影响专业评判之礼品。"

《公民道德建设实施纲要》提出，要坚持尊重个人合法权益与承担社会责任相统一，把权利与义务结合起来，树立把国家和人民利益放在首位而又充分尊重公民个人合法利益的社会主义义利观。在当前我们对教师专业伦理建设的考量中，也在充分考虑教师的权利与义务，充分尊重和保障教师的合法权益。然而，在家校沟通中，拒绝家长的贿赂、不对家长进行明示或暗示的金钱要求，廉洁从教是教师在职业活动中必须尊重的职业伦理。教师应以公正廉洁之心对待教师职务所带来的各种利益诱惑，自觉抵制不良风气，洁身自好，坚决反对收受学生和家长的财物，利用职务之便向学生和家长推销不必要的商品，借补习之名收取高额费用等问题。

▌ 第三节　中学家校交往的道德调适　▌

从内容上来看，家校沟通应包含两层含义：其一，是教师与家长之间的直接沟通，侧重于通过学校与家庭的合作帮助学生解决学习问题，促进学生健康发展；其二，教师应成为学生与家长之间沟通的协调者，在学生、教师与家长之间建立一个流畅的、高效的沟通平台。其侧重点在于通过有效沟通更加深入学生的内心，调适学生的心理状态，帮助学生形成学习与身心共同健康发展的良性循环。由此，教师在家校沟通工作中所应坚守的伦理精神也可从这两个层面去讨论。

一、家校交往中的学生角色与教师的专业伦理

（一）家校关系中的学生：从缺席到在场

家庭和学校合作的重要原因之一是为了共同培养青少年。但在家校交往的过程中，青少年却往往是缺席的，不出现在家校交往的实际交往过程

中。有研究者对家校关系中的学生的位置、学生如何看待和评价家校关系等问题进行调研，结果发现：59% 的学生将自己在家校关系中的角色定位为"作用对象"，11% 的学生将自己的角色定位为"旁观者"，30% 的学生将自己定位为"参与者"，由此可见，70% 的学生找不到自己在家校关系中的位置。[1]

家校交往主要是针对学生产生的问题而进行，包括学习、品格、行为等方面的问题，似乎学生是"被审判"的对象。而且，家校交往中，学生往往不在场。例如常见的家校交往方式之一的家长会，学生不知道教师向家长传递了什么信息。因此有学者将家校交往中，学生的身份称为"缺席的被审判者"。

这种学生缺席的家校交往，并不利于学生的发展，也不利于家校关系、师生关系。例如，要开家长会，许多学生感觉到压抑、紧张、害怕，家长也会心理负担加重。有研究表明，家长会后，家长与学生关系变得紧张，师生关系也变得更紧张。

（二）家、校、生立体关系的建立

家校交往的目的是促进学生的发展，因此，学生在家校交往中应从缺席走向在场。尤其是中学阶段的学生，对于如何解决自身发展存在的问题，如何促进自身更好地发展，在家校交往中，他们有知情权，也应更清楚如何在家庭与学校中更好地扮演角色、如何更好地寻找自己发展的方向。因此，家校交往中，针对学生存在的问题，学生在合适情境下的在场，可以倾听学生对于问题产生的原因的解释和解读；在家校交往中，学生更清楚教师对其成长问题的分析，也更清楚家长在其中做出的努力和付

1 钱焕琦. 学校教育伦理 [M]. 南京：南京师范大学出版社，2005：150.

出，会更理解自身的角色地位和今后的努力方向。因此，在家校关系中，将学生从缺席变为在场，家庭、学生、教师之间形成三角关系，良性互动更有利于学生发展。在家、校、生三者关系的建立过程中，教师是最重要的中介和桥梁。从专业伦理角度而言，首先，教师应尊重学生的隐私和尊严，在与家长交往的过程中，适当场合可以请学生回避，只与家长交往，与家长商谈促进学生发展的策略，以避免教师的评价挫伤中学生的自尊心与自信心。其次，教师更应尊重学生的想法与思考，将学生作为"年轻的成人"来看待，请学生加入家校交往中。对学生发展中的特点和问题，中学生有一定成熟的观点和看法，因此在家校交往中，允许学生自我表达，对自我发展作出评价，提出疑问，有利于家长与教师双方更好地了解学生。在为学生发展提出策略和方向时，学生加入与家长、教师的探讨与分析，也更有利于学生的发展。总之，教师尊重学生的尊严，同时也尊重学生成熟的想法，将学生作为可以平等对话交流的主体之一，构建家长、教师、学生的三维关系，更有利于实现家校交往的本质追求——促进学生发展。

二、家校交往中家庭"资本"的差异与教师专业伦理

学生的家庭背景各不相同，从社会学的"资本"理论来看，家庭的经济资本、社会资本、文化资本各不相同，而学生的成长在一定程度上也是资本交换，获得新的资本的过程，资本之间具有互换性和可增值性。在家校交往中，家庭的多种资本，也会显性或隐性地产生影响。中学阶段，家庭的资本对学生成长的影响较小学阶段更大。

由于家庭所处社会地位的差距，以及由此决定的家庭在所占有的社

会资本的数量和内涵上的差异，决定了家庭以及家长在与学校、教师的互动关系的内涵上也存在着明显的差异。学校与处于较高社会地位、经济地位的家长之间的利益关系，成为学校发展过程中不能忽略的重要资源，如提供经费支持、教育资助等。而那些处于弱势地位的家庭及其子女，则明显地处于不利地位。学校的功能日益世俗化、功利化。家庭中不同的"资本"影响着家校交往，教师在交往的过程中，应避免由于资本的差异而带来的有意识或无意识的交往伦理问题。

国外也有相似的研究，表明家庭资本对家校关系的影响。"低收入家庭学生的父母与教师和学校的积极关系比较少见。在教师支持方面，非洲裔美国人、低社会阶层的学生父母比白人、较高社会阶层的学生父母获得的教师支持要少。Hughes 和 Kwok 对 443 名学生控制了前测成绩以后，仍发现非洲裔学生的父母与西班牙裔、高加索裔学生和他们的父母相比，从教师那里获得的支持相对较少。在父母卷入数量和质量方面，教师认为少数族裔家长与白人学生父母相比，卷入行为较少、较少参与学校活动，合作性也不好。教师和校长倾向于将少数族裔父母的低卷入行为归因于缺乏合作的动机、缺乏对孩子学习的关注、对教育的价值评价较低。教师对少数族裔父母在他们孩子学校教育方面卷入少的归因和看法，对他们与少数族裔父母的交往频率和质量都有负面影响。"[1]

由此可见，家庭资本差异会影响教师与家长的互动。面对家庭资本的差异，教师专业伦理表现在以下两方面：

第一，面对不同的家庭资本，在家校交往中，教师保持与家长之间的

---

1 任春荣. 社会分层对学生成绩的预测效应——一项基于追踪设计的研究 [M]. 北京：教育科学出版社，2015：29.

平等、相互尊重的关系。建立平等合作的伦理关系，教师的专业伦理表现在：建立正确的家长观点，尊重双方关系的平等性。

从学识来看，一般而言，教师掌握了系统的本专业和教育专业知识，经过长期的训练，在教学方法上也日益专业化。而家长的水平可能参差不齐。有一部分家长在文化资本等方面还处于劣势。但随着社会的发展，传统上认为教师一定在学识上优于家长的情况也在发生变化。随着受教育人口的增多，家长的教育水平在提升，部分家长拥有较多的经济资本、文化资本，在青少年成长上投资较多，并且家长本人的文化水平也越来越高。面对社会发展和家庭背景的变化，教师既要对自己的专业能力保持自信，同时也要以开放的心态与家长平等交往，吸收家长观点中的合理之处。也就是说，教师既不因家长拥有较多的资本而缺失了自己的专业判断与专业勇气，也不因家长拥有较少的资本而缺少对家长的尊重。例如，拥有较多文化资本的家长，对学生成长问题提出一些专业的评价与指导，甚至也有否定教师的专业行为的情况，这会给教师带来一定的压力。教师应有专业自信，以专业的、平等的立场与家长交往，而不是丧失了勇气变得胆怯、唯唯诺诺。又如，面对拥有较少经济资本、文化资本的家长，家长在学生成长方面较为忽视，投入不够，教师应从学生与家庭的实际出发，给出专业的建议与指导，而不是呵斥、训斥等。以往的家校交往中，家长觉得被训斥、没尊严的情况也时有发生。总之，教师与家长的沟通，应更多地本着学生的成长、学生的发展的事实本身，基于家校合作的途径、方式等，展开恰当有效的沟通。教师应具有与家长交往的平等意识，尊重家长。

第二，在家校交往中，通过教师协调家长共同合作，尽量缩小家庭资本差异造成的学生发展的差异，营造家校共同促进学生成长的氛围。

家庭资本也意味着一种资源，学校可以合理利用家庭的相关资本来服务于学校及学生发展。例如，有的学校邀请学生家长参与学校活动，如通过家长的职业特长，分享职业的意义、价值，为学生的职业生涯规划提供充分的信息。在这类活动中，文化资本较多的家长，参与的机会和积极性会更多，与学校形成良性互动。而资本较少的家长，与学校的互动会略弱。因此，家庭资本的差异，在学校互动中也有所体现，并形成影响学生发展的一种潜在环境。

尽管如此，"社会资本的研究发现，拥有较少资本的低下层父母，对参与子女教育并非必然采取消极的态度。一些家长虽然本身社会经济条件有限，也会选择把有限的资源投资在一些他们应付得来的活动。科尔曼认为，就算身处社会经济阶层较低的父母，也可以有很高程度的家长参与"。"通过家校合作在家庭及学校内创造出来的社会资本，可以减弱家庭经济条件、社区环境对子女成长的不利影响。这种资本比拥有物质及文化资本更重要……建立一个宝贵的社会网络，这种社会资本将有助于子女成长。"[1] 因此，从教师角度来说，教师应意识到家校合作是学生成长的重要社会资本，通过教师协调，实现家校之间的良性互动，能营造出促进学生成长的环境，尽量缩小家庭资本差异带来的学生发展的差异。

三、建立家校伙伴关系，构建学生成长的健康"生态系统"

中学阶段，是学生成人感、独立性和自我意识增强的时期，需要成年人的理解和帮助，家校良性互动，可以为学生创造良好的环境。家校协调

1　何瑞珠.家长参与子女的教育：文化资本与社会资本的诠释 [J].教育学报（香港），1999（2）.

一致，能防止社会不良因素对学生的侵害。苏联教育家苏霍姆林斯基说："学校和家庭不仅要一致行动，要向儿童提出同样的要求，而且要志同道合，抱着一致的信念，始终从同一原则出发，无论在教育目的上，过程上还是手段上，都不要发生分歧。"[1]

家校交往不仅仅止步于家庭与学校之间采取何种方式沟通，更重要的在于家校沟通是为了共同的目标，即学生的发展。社会、家庭、学校是对学生发展的外在影响环境。美联邦的《目标 2000 年教育法》，将"父母参与"列为第八项教育目标，即每一所学校将促成伙伴关系以增进父母的参与，进而促进孩子社交、情感与学业的成长。[2] 一般情况下，学生家长与教师交往的经历被特征化为互助的、温暖的、互相尊重的，家长与教师互动能够帮助学生提高学业水平、提高成就动机，促使学生发生情感、社会性和行为的调整。家长和教师关系质量评价指标有信任、互助、联系、支持、分享价值观、分享彼此看法、对对方的期望，分享对孩子的期望和看法。对不同种族和收入群体的各类研究均显示家校中间系统的不同维度与学生学习投入和成就水平有关联。[3]

建立家校伙伴关系，应从"生态系统"的角度为学生营造健康的发展环境。美国心理学家布朗芬布伦纳的发展生态学理论认为，人的发展是个体与其生态环境之间相互交往和影响的结果，而人的生态环境是由家庭、邻里、学校和社会及其之间的相互关系等一系列不同层次和结构的生态系统所组成的一个有机整体。每一个层次和结构不同的系统，因其与个体之

---

1 苏霍姆林斯基.给教师的建议［M］.杜殿坤，译.北京：教育科学出版社，1982：264.

2 张丙玉.美国"家长参与"教育的发展［J］.外国中小学教育，2004（9）.

3 任春荣.社会分层对学生成绩的预测效应——一项基于追踪设计的研究［M］.北京：教育科学出版社，2015：28-29.

间相互关系的独特性，而对人的发展产生特殊的影响。他将生态系统分为微观系统、中间系统、宏观系统等。从生态系统理论看家校关系，家校关系是家庭和学校两个对学生发生直接影响的维管系统之间互相作用产生的关系，属于生态系统论的中观系统。

　　建立有利于学生发展的生态系统，家校之间应形成伙伴关系。教师在伙伴关系的搭建中发挥重要作用。在理念上，教师应在尊重、理解和接受的基础上与家长和睦相处。教师引领家长走进学校、走进课堂、走近学生。在方式上，教师搭建家校合作的桥梁，尤其是在信息化社会背景下，与家长建立良好的沟通渠道，与家长、学生交流学生学习的东西和进展，与家长一起关注学生的成长质量。在这个家校生态系统中，家校在共同愿景之下，双方分享教育权利和责任，建立相应的合作机制，形成信任与支持的文化。

第七章　中学教师同侪交往伦理

每一个行业的工作者都隶属于一定的机构，大多数服务的开展，需要团队合作。工作者必然涉及如何处理与各种同事的关系。作为正式的工作人员，必然对工作机构负有特定的伦理责任，工作人员之间也涉及伦理关系问题。伦理关系是人的在世方式。一个人的人际关系状况影响自我发展，也影响工作的效能。

在教育集体中，除了师生关系之外，最经常、表现最多的就是教师与教师之间的关系。教师与教师之间的关系是否合乎伦理要求，决定了整个教师集体的状况，决定着教师工作和学习的氛围，也影响着学生的发展，甚至影响着教育的成败。

第一节　教师劳动的特点与教师同侪交往的伦理规范

一、教师劳动的特点

（一）教师劳动具有集体劳动与个体劳动相结合的特点

教育工作是一项复杂的系统工程，需要动员学校各方面的教育力量，即需要各科教师和学校管理人员的共同努力，才能取得良好的教育效果。首先，教育劳动具有个体劳动的特点，教师在教学过程中拥有专业自主。在专业领域开展教学时，保护教学隐私并回避外界对于教学工作的干扰，是教师的教育权利。每一个受教育者具有不同的心理特征和发展特点，教育者必须因材施教，研究新的情境、研究新的对象，做出新的计划与安排，并在不断行动中调整计划。教育者的不同个性必然在劳动过程中打上他们个性的烙印。其次，更为重要的是，教师的劳动是一种集体劳动，每个教师的劳动都只是育人过程中的一个环节，都离不开其他教师的劳动。因为人的社会生活的复杂性、人的培养的长期性、人的发展的全面性，决定了教育工作的复杂性和艰巨性，做好人的培养工作，离开了教师集体的团结协作难以真正实现。因此，教师之间团结协作是完成育人使命的必要条件。"教师同侪之间的团结协作，既是教育目的的同一性要求之内在规定性，又是实施教育方案和实现教育任务的内在要求"[1]，而教师之间能否做到团结协作，又取决于是否具有良好的同事伦理。正像马卡连柯指出的那样，如果没有团结一致的教师集体，那么，所谓正常的学校教育工作是很难想象的。因此，马卡连柯强调，教育只能是教师集体的事业，单靠任

1　朱小蔓，等.教育职场：教师的道德成长［M］.北京：教育科学出版社，2004：119.

何教师个体是无法完成的。

（二）教师之间具有价值目标和根本利益上的一致性

从价值目标角度看：教育的本质是培养人的社会活动。各个教师的教育活动的本质都是相同的，即都是培养"人"。人的培养成为所有教师相互间的共同任务和职责。教育活动目标是实现受教育者个体价值与教育活动的社会价值相统一。既促进受教育者个体的发展，同时也促进社会发展，将受教育者个体发展与社会发展有机结合。因此，所有教师的价值目标，在个体与社会发展价值层面上是一致的。教师之间能否团结协作，关系到教育目标价值能否实现。

从根本利益来说，只有当教师集体成为一个团结和谐的整体时，才能营造舒心宽松的工作环境；只有教师集体的劳动效益达到最大值时，教师才可能充分体现和实现自身的价值。因此，教师群体在根本利益上具有一致性，只有共同向着教育的本质目标努力，教育的整体目标实现，教师集体的努力得到体现，教师个人的利益价值才能得到体现和实现。

然而，教师同事之间矛盾的存在乃是一种客观实在，并且这种实际存在的矛盾对教育劳动构成了重要影响。因此，教师同侪交往伦理就成为教师专业伦理的重要维度。

（三）中学教师劳动的文化特点：在文化交往中传递文化

教师文化是教师群体所特有的文化，是学校文化中的亚文化。"教师文化是教师在教育教学活动中形成与发展起来的价值观念和行为方式，包括教师的信念、价值体系、行为模式三个层次，这三个层次的内容结构构成了教师文化的统一体。"[1] 加拿大学者哈格里夫斯认为："考察教师文化可

1　凌小云.加强师德建设　重塑教师文化［J］.上海高教研究，1998（6）.

以从内容和形式两个方面来进行。教师文化在内容上包括特定范围的教师集体共享的态度、价值、信念、习惯、假设以及行为方式等，教师文化的内容外显于教师的所思、所说和所做。教师文化的形式包括处于特定文化群体中的教师之间的人际关系模式和联系方式，其划分的标准主要是教师同事之间的人际关系状况如何。"[1]

教育具有文化传递的职能，师生之间的交往是一种文化交往。然而，从中学教师的同侪交往角度看，也具有文化交往的特点。中学阶段，学科的分化更加精细，学科知识更加专业化。教师之间的交往，更多体现出作为文化传递者之间的文化交往特点。教师同侪交往是教师之间在态度、价值、信念及行为方式上的交流与碰撞。由于教师的非正式群体的存在，教师文化交往的类别，既包括教师个体之间的文化交往，也包括教师个体与教师非正式群体、教师非正式群体之间的文化交往。教师同侪交往的文化特点意味着，教师同侪交往伦理应从教师在学校中的文化生存特点去剖析教师的合作文化。

二、教师同侪交往的伦理规范

实践证明，教师之间良好的人际关系，凝聚力大，效能性强。不良的人际关系，内耗性大，效能性低。因为良好的人际关系，能使人心情舒畅，增进人与人之间的亲近情感，有利于形成相互帮助、关心的氛围。在这种良好的关系中，人的情感平和、情绪体验积极，工作生活的热情更高，在工作中的积极作为也更能体现出来。因此，良好的人际关系不仅

---

1 邓涛，鲍传友．教师文化的重新理解与建构——哈格里夫斯的教师文化观述评 [J].外国教育研究，2005（8）.

可以增强集体凝聚力，促进教师之间关系和谐，这种和谐的关系也成为学生成长的微观外部环境，它有助于学生的身心健康。而不良的人际关系，人与人之间内耗较大，冲突摩擦较多，甚至会出现公开指责、相互拆台的情况。在恶劣的人际关系中，人们心理紧张，情绪不良，造成相互之间关系疏远，相互倾轧等，也会造成组织涣散。因此，不良的人际关系，不利于教师的身心健康，也不利于学生成长，甚至可能影响教育活动的有效开展和教育目的的实现。教师同侪交往的伦理规范主要有以下几个方面。

（一）团结执教是教师职业的内在规定性要求

团结协作是指人们在工作中，联合并相互配合、合作。作为一种教师职业道德规范，团结协作强调的是人际凝聚及相互的配合性，重视协作力量的形成和发挥，重视人的力量的整体性，而不是个体性。教师劳动集体性特点决定了教师与同事之间必须是一种团结协作的关系。正因为如此，团结协作成为一直被关注和倡导的职业道德规范。

由于中学阶段升学竞争压力增大，学生、教师、家长聚焦在以分数为基础的竞争，社会对于学校办学水平评价的重要标准之一是升学率。在高竞争的环境之下，教师之间也形成了基于成绩竞争、高利害关系的教师文化，教师同侪关系趋于过度竞争的态势。班级之间、年级之间的各种你争我赶的成绩比拼，给教师的教学带来较大的压力。教师为了使学生在成绩竞争中取得优势，往往倾向于单兵作战。单兵作战制约了教师之间的优势互补，阻碍了教师之间的共享与协同发展，最终将影响教师的专业发展，也将影响学生的发展。团结协作是教师专业伦理的内在要求。当学生向教师学习的时候，不仅从不同专业教师那里学得专业基础知识，而且，他们还感受着教师同侪之间的关系状态；而教师同侪之间团结协作的氛围本身就具有教育价值的因素。"马卡连柯还尖锐地指出，有些教师只知道追求学生的'爱戴'，一味说其他教师不中用，只有自己一个人'顶呱呱、有天才'，这种教师其实是'教育中的骗子'。教师中的这类骗子，'在学生面前，在社会面前，惯于卖弄个人的才智，绝不能教育任何一个人。'"[1]因此，每个教师要充分认识到在教育过程中同侪团结的意义和价值，教师之间需要相互支持和合作，共同完成教育任务，提高教育效果。应当有这样的教师集体：有共同的见解，彼此相互帮助、相互促进。只有这样的集体才能够教育好学生。

教师的团结协作表现在：同一学科教师对知识、学生成长问题进行共同研讨，在教学上相互切磋；不同学科、不同年级的教师之间齐心协力，排除"主科、副科"的学科等级偏见，不挤占其他学科的教学时间等。此外，在教师同侪交往中，还存在一对特殊的教师同侪关系——班主任与科任教师的交往关系。班主任是班级管理者，也是某一学科的教授者。在班主任与科任教师的关系中，较明显的现象是班级管理工作完全交由班主任来进行，科任教师认为自己并无太多的班级管理职责。班主任与科任教师的相互协作体现为：学科教师与班主任一同承担班级管理与学生发展指导的职责。

团结协作对教育活动及教师发展都具有重要意义。任何教师的工作都只是整个教育工作的一部分，学生的发展离不开教师团结协作。第一，团结协作是教育目标实现的重要保证。同学科教师的协作，切磋琢磨，推动学科教学质量提高；不同学科教师协作，从不同发展角度促进学生德智体美劳全面发展。第二，团结协作也是教师自我完善的重要途径。教师的发

1 陈桂生，普通教育学纲要［M］.上海：华东师范大学出版社，2009：302.

展需要在教育活动中，得到同事的帮助，从同事的教育方式上获得启发，才能更好地认识自我，寻找合适的自我发展方式，在团结合作中促进自我完善。

（二）教师同侪交往的尊重原则

由于教育过程的复杂性，教师之间也难免产生种种矛盾，如教师劳动的个体性、独立性可能使得教师忽视团结协作；教师的个性、价值观与教育方法的差异性，也容易使教师在教育教学工作中产生分歧；学校管理中的某些措施不合理容易使教师之间产生利益矛盾，从而相互排斥，出现"文人相轻"的现象。因此，教师交往中，相互尊重，公正对待他人是重要的交往原则。

尊重同事是尊重人的道德要求在教育活动中的体现。教师劳动作为集体劳动，人与人的交往必然需要遵循尊重原则。教师之间相互尊重，看到对方的优点，尊重对方对教育问题的处理，有利于教师群体形成良好的群体气氛。

教师同侪交往的尊重主要表现为：第一，尊重同学科的教师。同学科的教师组成了教研组或学科组，它是重要的基层教学组织单位。同学科的教师虽然教授相同的学科，但是由于各自成长背景不同、受教育环境不同，会持有不同的教育理念，采取不同的教育方法，从而形成了每个教师不同的教学特点和风格。同学科教师之间相互尊重，虚心向对方学习，取长补短，在学术交流、思维碰撞的过程中相互促进、共同进步。第二，尊重不同学科的教师。由于职业的分工，学科之间的分化也越来越细致。在中学阶段形成了较为固定的学科门类的划分。每一个学科的教师都希望学生喜欢自己所教科目，学生在自己所教科目能学有所长。教师在教授学科知识过程中，不应贬低其他学科而提高自己学科的价值。在同侪交往中，也应表现为尊重各个学科的特点和价值。第三，班主任与科任教师的相互尊重，表现为：班主任尊重科任教师在学科教学上的专业性，不影响学科教学的正常开展；各学科教师尊重班主任工作，并积极在学科教学过程中因地因时制宜地进行学生管理。当前，高中阶段的选科走班制改革，行政班的传统逐渐在发生变化，部分学校的高中取消行政班，完全进行选科走班制。部分学校行政班保留。教学组织形式改革的方式多种多样，但淡化行政班，班主任的职责出现变化，是现今教育改革背景下的一种新变化。在这种变化之下，班主任对班级管理负有全部职责的情况逐渐变化，教师之间的平等、尊重、相互合作的关系显得更为重要。

（三）教师同侪交往的公正原则

"公正是教师在教育活动中对待不同利益关系所表现出来的公平和正义，表现在教师与自身、教师与同侪、教师与学生等人际关系之中。"[1] 在前文的分析中，已经阐述了教师与学生交往、教师与家长交往中应遵循公正的原则。教师同侪交往中的公正，是教育公正中的重要维度，往往容易被忽略。

研究表明："教师对同侪越公正，越能公正对待每一位学生。通过相关分析发现，在教师对同侪公正的五个维度中，均与对待学生公正呈显著正相关（$p < 0.001$）。调查数据显示，96.5%的教师在工作中服从校领导的安排，97%的教师在工作中能体谅并尊重校领导，97.6%的教师在工作中能客观评价其他教师取得的成绩，96%的教师能客观评价自己与其他教师之间的差距，96.7%的教师在其他教师需要配合工作时能及时提

---

1 檀传宝.教师伦理学专题：教育伦理范畴研究［M］.北京：北京师范大学出版社，2003：71.

供配合。"[1]

教师同侪公正表现在：一方面，在同侪评价、荣誉与利益处理方面，公正地评价自己和他人的工作。中学教师进行同行相互评价时，会出现"一团和气"，为了避免矛盾，而缺乏公正评价。如，"凭经验""凭关系""凭资历"进行的教师互评。教师评价的不公正会挫伤教师积极性，也会产生不良的教师工作风气。教师之间应公正评价自己的成绩和他人的成绩，而在评价过程中，年级组长、学校管理者更应该以公正作为评价的重要原则。另一方面，教师的公正表现在对同侪的教育过程中的不当行为的审视、制止。例如，美国教师专业伦理也涉及教师的同侪公正问题，指出如何处理教师同侪的行为不当问题。"质询同事或家长对孩子的伤害性行为是个人道德勇气的一种表现……教师不仅要以描述性的方式提供怎样满足道德主体的要求，更要以一种批判的方式来审视应该被制止的有害的行为，而不是回避甚至掩饰……然而，观察学校教师道德层面的问题却发现，当教师对学生有性骚扰嫌疑、违反教学规定、使用侮辱性语言或是偏袒某名学生时，其他教师却对此熟视无睹。因为他们害怕会引起同事的怨恨与报复，而工会的潜规则也是不鼓励组织成员之间相互揭发。"[2]还有教师认为，在教师职业遭遇外部人员围攻的情况下，内部团结与"并肩作战"是唯一的抵御方式，沉默因此成为大部分教师无奈的选择。瑞典、芬兰的研究者也得出了同样的结论：对于同事的不当行为，工会成员中普遍存在包庇、隐瞒、放任等现象。因此，教师对同侪的公正在教育活动中显得十分重要。针对同事的不当做法，教师应审视并勇于指出、制止。

1　高慧斌. 80% 的学生认为老师处事公正 [N]. 中国教育报，2015–11–9.

2　Elizabeth Campbell. Challenges in Fostering Ethical Knowledge as Professionalism within Schools as Teaching Communities [J]. *Journal of Educational Change*. 2005, 6 (3).

如，当教师发现同事体罚学生、师生关系不当、教师语言侮辱学生、教师教学敷衍等行为时，应向同事合理指出并提出改善的建议。

第二节　教师的文化生存与教师同侪交往伦理

　　教育改革要重视教师文化的价值。教师交往伦理也应从教师之间的形式层面的交往互动，走向关注教师文化背景下的教师交往伦理实质。教师具有不同的教育态度、信念与行为系统，形成不同的教师文化。教师在学校中，就是在校园文化中生存，在与学生文化互动中生存，在教师群体的文化中生存。因此，在文化中生存是教师在学校生活中的存在状态。在教师同侪交往中，同侪的文化传递模式与同侪合作的文化模式，是思考教师同侪交往伦理的背景与出发点。

一、文化传递模式变迁与教师同侪交往伦理

　　美国文化人类学家米德将文化传递模式分为后喻文化、同喻文化与前喻文化。她指出："为了区分这三种文化类型，我使用三个词：当论及'未来重复过去'型时，我用'后喻'（postfigurative）这个词；论及'现在是未来的指导'型时，我用'同喻'（cofigurative）这个词；在论及年长者不得不向孩子学习他们曾有过的经验这种文化类型时，我就用'前喻'（prefigurative）这个词。"[1] 文化传递模式的变迁，通常被用来分析成

1　玛格丽特·米德. 代沟［M］. 曾胡，译. 北京：光明日报出版社，1988：20.

年人与未成年人之间文化的差异，在教育领域中多用于分析教师与学生的文化传递模式变化，探索在教师权威式微的情况下，师生之间的平等交往与对话，以及学生对教师的文化反哺等。然而，米德的三种文化传递模式，也可以用于反观教师之间的文化变迁及教师同侪交往伦理的变化。

从三种文化类型看，青少年与成人之间的文化关系更多表现出前喻文化的特点。但教师文化与此不完全相同。一方面，教育活动离不开教师的经验成长、日积月累对教育的反思。因此，教师文化中的后喻文化特点并没有完全被取代。年轻教师向年长教师学习，获得成长是教师文化传递的重要模式。年轻教师对教育对象的了解、教学方法的掌握、师生关系如何处理等问题，需要向经验丰富的教师学习。因此，教师同侪交往表现出教师相互尊重、相互学习，尤其是年轻教师尊重年长教师、向年长教师学习是教师专业发展的重要路径。另一方面，由于教师之间的年龄、成长经历、文化背景的不同，教师之间也表现出文化的"代沟"，前喻文化传递模式逐渐成为教师文化中不可忽视的方面。例如，年轻教师对青少年学生文化特点了解更多；年轻教师带着更丰富、更鲜活的教育理念进入教育现场；年轻教师对现代教育手段、现代信息技术的理解与运用更熟练等。在年轻教师身上体现出很多优势是年长教师所不具有的。在教师同侪交往中，年长教师向年轻教师学习是同侪交往的新样态。

总之，教师文化传递中，后喻文化、同喻文化的传递模式重要性并存，年轻教师向年长教师学习、年长教师向年轻教师学习，在教师同侪交往中同样重要。在多样的文化样态中，教师应避免权威专断或自我封闭，而应相互尊重对方的文化、注重地位平等、关系民主、思想开放与创新。

二、教师合作文化的变化趋势与教师"发展性团结协作"伦理

在教师交往伦理中,强调教师的团结合作。但教师的合作文化有不同的内涵。教师合作文化可分为自然合作文化和人为合作文化。教师的自然合作文化是教师在学校生活中自然形成的一种相互开放、信赖、支援性的同事关系,它具有 5 种特征:"(1)自发性,即合作关系非外力诱发,而是每个教师自发地形成的;(2)自愿性,即合作关系是一起工作过程中形成的,其实践既非义务也非强制;(3)发展取向性,即合作是指向教师专业发展的;(4)超越时空,即教师相互交往不受时间和场所的限制,可以充分地进行;(5)不可预测,即合作的结果不一定表现为成果,因而不能简单地预期。"[1]合作的中心意图在于促进教师的专业发展和学校的整体发展。

在自然合作文化建构过程中,很容易受到人为因素的干扰,现实中更多形成的是人为合作文化,它是指通过一系列正规的特定的官方程序来制订教师合作计划,增加教师间相互讨教的机会。哈格里夫斯认为,其特征也有 5 个方面:"(1)行政控制性,即合作关系不是由教师自发形成而是行政命令催生的;(2)强迫性,即在很少顾及教师的个性以及所喜好的工作方式的情况下,以强制的方式推行团队教学、同伴指导、集体备课等改革项目;(3)实施取向性,即教师合作的目的在于实施行政命令,而不在于促进专业发展;(4)特定的时空,教师合作的时间和场所等不是由教师们自由决定,而是由行政命令来指定;(5)可预测性,即合作按照特定计

---

1 邓涛,鲍传友.教师文化的重新理解与建构——哈格里夫斯的教师文化观述评 [J].外国教育研究,2005(8).

划进行，其成果具有较大的人为控制性和可预测性。"[1]

人为合作文化可以促使教师之间开展必要的合作，避免教师的个人主义文化，促进教师之间的集体合作。然而，仅仅只有人为合作是远远不够的，它容易导致教师交往中的被动，交往效果的低效。因此，教师文化应从个人合作文化走向自然合作文化。教师自愿开展合作，对于教育教学上的失败、不足不采取防卫性态度，发自内心需要和主动进行的自然主义合作，教师之间是互相援助、共同面对问题进行讨论。

在教师文化发展趋势变化的背景下，教师同侪交往的伦理，也应呈现出从人为的、维持性团结协作走向自然的、发展性团结协作的特点。在人为合作文化下，教师之间更多的是人为的合作，比如教研组的研讨交流、新老教师经验交流等，教师的主动性不强，教师之间的合作表现出维持性协作的特点，即保持现有的教师之间的关系，教师交往以不伤和气、维持现有目标为目的；保持既有的表面和谐，有问题不争论、有意见不敢提出。在这种交往中，教师之间显得一团和气，但实际上问题并没有解决，也没有以真正促进自己和同事的发展为交往目的，容易形成虚伪的教师人际关系，不利于教师群体发展。

教师的交往，应更多地基于自发的交往需求，有明确的促进教育活动开展及教师发展的目的。因此，自然的、发展性的协作，以促进教师专业发展为目的的同侪交往是教师交往的更高伦理追求。"发展性团结协作，主要是以优化现有教育人际关系，促进发展为目标和出发点，表现为教师同侪之间为了促进发展、优化关系，主动沟通，有问题时，愿意、敢于和

---

1 邓涛，鲍传友. 教师文化的重新理解与建构——哈格里夫斯的教师文化观述评 [J]. 外国教育研究，2005（8）.

善于提出问题，有意见提在当面，寻求和实现充分的人际交流，不断达到新的理解，形成良性的竞争氛围。"[1] 发展性的团结协作，更体现了现代教师的专业意识和专业行为，有利于教师人际交往的本质上的和谐，促进教师专业伦理的发展。

三、派别主义文化变化趋势与教师的"开放性合作"伦理

教师中存在着非正式的小团体。哈格里夫斯将其称为派别主义文化。他认为："生活在这种文化里，教师之间的相互关系处于一种不健康的状态，整个学校教师分属若干个团体或派别，每个教师只忠于自己的团体，而与其他团体教师不相往来，甚至为了自己团体的利益，敌视其他团体中的教师。教师的派别主义文化也有自己的鲜明特点：（1）低渗透性。在派别主义文化里，合作只发生在每个派别内部，而派别之间则相互隔离和排斥，每个派别都有固定的成员，且这些成员不能同时兼任其他派别的成员。（2）高持久性。教师派别团体一旦形成，就不会在短时间内发生成员流动和消逝的现象，因而表现出很强的持久性发展趋向。（3）个人认同。派别成员共享类似的价值观念、自我身份与派别相连。（4）政治功能性。各派别发挥着为其成员追求晋升、地位和资源的功能。"[2] 相对于小学阶段而言，在中学阶段，学科之间的专业化分科现象更为明显，派别主义文化主要表现在不同学科之间的竞争。派别主义文化下，教师之间的合作仅限于小团体中，较为僵化与封闭。

1　朱小蔓，等.教育职场：教师的道德成长［M］.北京：教育科学出版社，2004：113.

2　邓涛，鲍传友.教师文化的重新理解与建构——哈格里夫斯的教师文化观述评［J］.外国教育研究，2005（8）.

哈格里夫斯建构了一种新的教师文化模式——"流动的马赛克文化"。"在这种教师文化模式下，学校根据教学和教师专业发展的实际需要允许若干个教师小组的存在，每个教师小组的活动范围和成员并不是固定的，而是交叉重叠的。这样各个教师小组之间的界限也是模糊的，随时可能更新成员和转换职能。从性质上看，它们都是开放的，相互合作和支持的。因此，这些小组凝聚在一起必然会达到一种总体力量大于各部分力量之和的效果，并且使整个学校组织呈现出很大的灵活性、流动性和适应性。"[1]

从派别主义文化走向"流动的马赛克"文化，教师的合作超越了小团体的状态，合作具有不确定性，教师之间自我组合产生适应性行为，教师之间具有灵活的结构。教师同侪交往伦理中，在不确定性的情境下的开放合作成为突出的特点。教师交往具有灵活性、流动性和适应性，发挥了超越教师个体和教师小团体的教师群体功能，构建学习型的教师共同体。

---

1 邓涛，鲍传友.教师文化的重新理解与建构——哈格里夫斯的教师文化观述评［J］.外国教育研究，2005（8）.

第八章 中学教师
专业伦理修养

从学生的角度看，教师的教育公正将有利于提高学生学习积极性。学生学习积极性会受到教师对其的教育方法和态度的影响。教师在教育过程中如果有偏袒，受到忽视的学生，学习积极性会逐渐下降。教师公正地对待学生，使学生感受到教师的关爱，会在很大程度上提高学生学习的积极性。

▌ 第一节　教师专业伦理修养的内容与途径 ▌

　　在教育活动中，教师会遭遇专业伦理的困境，专业伦理困境解决的过程，也是提升教师专业伦理素养的过程。教师专业伦理理论与实践的发展，要求提升教师专业素养，使自身成为具有专业伦理理性的专业人，在专业活动中发挥自主性、主动性和创造性，以符合专业伦理要求的方式做出恰当的教育行为。

一、夯实教师专业伦理理论知识与专业伦理实践知识

　　教育是一种文化活动，教育中的知识体系有两方面的特点。一方面，它所传承的文化，在一定意义上具有较强的客观性和普遍意义，是社会生产和实践经验、科学规律的总结，具有客观性、稳定性，随着科学的发展会有一定的更新与变化。另一方面，教育的知识也是社会文化建构的产物，具有情境性、价值性，它随社会意识形态、社会主流价值观念的变化而产生较大的变化。

　　教师的专业伦理知识，是通过专业研究或实践活动获得的关于"善"或"应当"的认识成果的总称。与教育文化知识相似，它具有两方面的特点：一是它有一定的确定性理论体系，有普遍性、科学化的理论知识；二是它也随时代、价值观的变化而发生改变，反映具体文化背景和意识形态要求，是条件性知识和实践性知识。"从教师专业伦理教育的知识基础来看，包含着两种不同形态的专业伦理知识：理论化、系统化的理性伦理知识和教师的实践伦理知识。前者以'理论实践化'的'技术理性'为指导，强调将客观性的理论知识应用于实践活动之中。在这种知识观中，伦

理知识就是对人类道德与伦理生活中存在的统一的、确定基础的总结，如康德所提出的绝对命令或罗尔斯的基于公平的正义等。后者以实践性认识论或反思性实践为基础，着眼于实践中问题的解决和实践主体所拥有的知识。它在承认'模糊''矛盾''不确定'等实践特性的基础上，强调实践主体在行动中的'观察''反思'和'反映'。亚里士多德和麦金泰尔主张的德性知识论就属于此类。尽管无论是在理论上还是实践中都不可能将两种知识截然分开，但在对伦理知识的这种区分却导致两种截然不同的专业伦理教育传统和模式。"[1]

有学者认为，教师的伦理知识的两种路向并不是截然区分的，并且它们有逐渐走向融合的趋势。因此，夯实教师专业伦理知识，应加强理论性知识，也应加强实践性知识。然而，当前现实中，教师专业伦理知识体系中，较多的是追求普遍性、科学化、确定性的理论知识的建构，忽视关注具体的文化背景、教育实践、教育对象的实践性知识的建构。

夯实教师专业伦理应做到：

第一，教师进一步夯实理论性知识，加强对教师专业伦理的理论、原则的理解，并将这些理论运用于实践中。理论性伦理知识是较为客观的、抽象的知识，具有确定的、逻辑清晰的伦理知识体系，教师应学习、理解这些伦理知识并将其外化于实践中。教师的教育实践在一定程度上就是验证伦理准则和应用伦理规范的活动。由于"理性伦理知识"大多以客观化、系统化的形式展现，因而对伦理规范、伦理原则和原理的学习成为必要的环节。因而，教师的首要任务就是要学习和掌握伦理原理、规则和伦理思考模式。

1　李琰. 义务教育阶段教师专业实践中的伦理困境研究 [D]. 重庆：西南大学，2014：108.

第二，教师伦理知识的夯实不能仅止步于理性伦理知识，还应充分积累实践伦理知识，而这往往是教师专业伦理知识建构中薄弱的方面。教育的情境是复杂的，教师在具体活动情境中会遇到不同的问题，情感、态度、价值观都卷入到具体的伦理活动中。教师在实践中对话、反思、行动，对情境中的伦理事件进行解构与建构。因此，实践性伦理知识不仅仅是对实践中的伦理问题的解决，更是教师专业存在的方式，是教师专业伦理素养提升的重要层面。

二、提高教师的专业伦理能力

广义的道德能力将道德认知、道德情感和道德意志等个体的主观方面都看作是道德能力的组成部分。狭义的道德能力指选择道德行为和实现道德价值的能力，或"道德主体认识道德现象、理解道德规范，在面临道德问题时，能够鉴别是非善恶，作出正确评判和道德选择，并付诸行动的能力"[1]。这种狭义的概念将道德能力看作个体的道德理性能力，认为道德理解、判断、选择和推理能力是道德能力的核心要素。从哲学意义上来看，道德能力包括合理的价值观、正义感和仁爱心、自主意识和责任感等三个层面的内涵。[2] 尽管道德与伦理的侧重点有所不同，前者更重个体，后者偏重主体之间的关系，但伦理能力的根本着眼点也是个体道德能力的提升和发展，伦理能力的发挥也需要提升个体的道德能力以更好地安排专业中的伦理关系，处理专业中的伦理问题。因而，从这个意义上来看，道德能力是伦理能力的重要基础与核心构成部分。

1　钱广荣.道德能力刍议［J］.理论与现代化，2007（5）.

2　曹刚.论道德能力［J］.哲学动态，2006（7）.

教师专业伦理能力是教师应对专业实践的伦理问题所应具备的各种能力的总和，本小节基于前述对道德能力的研究，将教师专业伦理能力分为两个维度：一是纵向维度，即伦理理解、判断、分析和解决问题的能力；二是横向维度，即合理的价值观、正义感和责任感。从这两个维度探索如何提高教师专业伦理能力。

（一）专业伦理能力的纵向维度

从理解、判断、分析、解决问题这样一个纵向线索，可以将专业伦理能力从纵向维度分为对专业伦理议题的敏感性、伦理判断能力、分析能力和解决伦理困境的能力等方面。专业伦理能力的提升可从以下几方面着力。

1. 培养教师的伦理敏感性

伦理敏感性是教师对教育情境中的伦理问题和伦理意义的觉察与推论，也包括教师预测可能的行动会对他人产生的影响。缺乏伦理敏感性的教师，更少从伦理的视角和维度去理解自己的专业生活、专业责任和专业实践。忽略教育活动中的伦理维度，教师对自己所处的伦理情境缺乏敏感的感知，且对自己的教育行为可能对教育活动中的他者产生的影响缺乏预判。缺乏伦理敏感性的教师，虽然也承受了不少压力，但伦理的维度和视角的缺乏，最终会减弱或降低教育专业活动的质量，影响教师职业的社会声望，并且可能会给教育活动中的多种交往对象带来一定的伦理与道德风险，从而也将自己置于伦理危机中。

教师缺乏伦理敏感性的原因是多方面的。一是教师意识不到自己的伦理责任，也意识不到自己在教育情境中的行为的道德本质或伦理维度。例如，不少教师在教育工作中偏重于关注知识性内容的传递，关注自我作为知识传递者的角色和作用。尽管教师都普遍认同教师职业的道德之维，但在具体实践中却重视"经师"的角色而没有敏感地意识到"人师"的角色。二是教师具备一定的伦理知识，对伦理责任有明确的意识，但是在面对伦理困境或冲突时，对困境进行价值选择和排序，如果教师价值偏颇，这一选择或排序可能违背了专业伦理的要求。三是教师依据直觉、行为习惯或模仿其他教师进行伦理判断和选择，缺乏思考和反思，因而会带来较大的伦理风险。

道德敏感性在道德心理学的"四成分模型"中又被称为伦理自觉意识，指道德主体识别伦理问题或分辨道德与非道德事件的一种能力，"道德情境中的行为主体觉察自身行为如何影响他人，并做出不同反应的意识"[1]。有时它又被看作是一种道德想象力（moral imagination），指"一种发现、评价并按可能性行事的能力，而不仅仅是被特定环境、一系列操作思维模式或一组规则所限定"[2]。因此，培养教师的伦理敏感性，一是培养教师对伦理问题的识别、分辨的能力，觉察出自己的行为如何影响他人并做出恰当的反应。避免出现教师重视学科知识教学的责任意识而忽视学科育人、学校生活中育人的伦理责任意识。二是培养教师的"伦理想象力"，即不被现实的情境束缚或困惑住，主动发掘情境中的伦理可能性，发掘情境中的多种可能性及后果，并对各种可能性进行衡量、对比、分析，学会做出伦理选择及行动。当前教师专业伦理教育的基础不再是建立在出自客观必然性或主观必然的义务感和责任感的伦理意识之上，而是一种和"自由与预想的行为或已实施的行为密切相关"[3]的伦理自觉意识。教师不仅仅

1　郑信军，岑国桢. 道德敏感性：概念理解与辨析［J］. 心理学探新，2009（1）.

2　Patricia H. Werhane. Mental Models, Moral Imagination and System Thinking in the Age of Globalization [J]. *Journal of Business Ethics*, 2008 (78).

3　路易·勒格朗. 今日道德教育［M］. 王晓辉，译. 北京：教育科学出版社，2009：11.

是单向的道德义务的顺从者，而是一个具有伦理自觉意识的主体，教师应该将自己的专业行为放到更为广阔的社会背景之下，去主动发现专业实践活动和教育情境的伦理维度，发现伦理困境和解决困境的方法。

2.提升教师伦理判断与选择能力

首先，提升教师的伦理判断能力。面对教育情境中的伦理问题进行伦理判断是教师专业伦理的关键环节。"只有当个体同时具备较高的道德视角和道德判断能力时，他才更有可能作为道德的行为，相比较而言，道德判断能力和道德行为的相关程度似乎更大于道德态度……助人者一般是道德的，他们不仅具有强烈的助人动机，更需要有道德判断的能力，才能最终将动机转化为行动。"[1]青少年时期的道德判断与推理能力可以通过对道德两难问题的讨论得到提高，而到了成年时期，需要更有效的方法，其中重要的因素是角色承担和相应的反馈机制。对于职前师范生和准教师来说，给他们创造机会，多承担一些育人的责任，并及时给予反馈和支持，可能是较为有效的方式；对于在职教师的继续教育和职场发展来说，教师角色本身就具有内在的责任，教育所做的就是促进教师进一步认识自己角色所应承担的伦理责任，并建立全面、系统的专业支持系统，让教师在开放、安全的情境中可以随时获得反馈和支持。在这样的支持系统中，教师所作的伦理判断，能得到反馈或支持，就能促进教师的伦理判断能力的提升。

其次，提升教师的伦理选择能力。教师的伦理选择是对当前教师处理伦理问题的惯习的一种反思与反动，通过对多种可能性进行分析综合比较，在不同价值（甚至相互冲突的价值）之间作出自觉自愿抉择。在价值

---

1 杨韶刚.西方道德心理学的新发展［M］.上海：上海教育出版社，2007：130.

多元的时代，更重要的是面对纷繁复杂的价值观能进行合理的价值选择。伦理选择受客观可能性和主体主观能力的制约。

教师伦理选择首要考虑的是有利于学生的发展，此外，"开放的精神、民主的作风和反思的意识"也是教师伦理选择必要的因素。

从操作层面来看，教师和伦理选择的起点和契机是：教师专业活动中真实存在的伦理冲突是教师伦理选择能力提升的起点与契机。伦理冲突给教师带来了伦理选择情境，价值冲突情境可以促使或迫使教师进行伦理思考与反思，进而提高其伦理选择水平。库伯曾经指出，人们的伦理思考有四个层次，包括"表达层次、规则层次、伦理和后伦理层次。由四个层次构成的框架是一个高度动态的系统"[1]。在面对日常伦理问题时，人们在这四个层次中游走，这几个层次可以让教师认识相互冲突的价值来源、澄清自己的价值观念、想象不同的解决程度、衡量比较不同的伦理价值，最终作出明智的判断和选择。

（二）专业伦理能力的横向维度

前文提及，学者研究认为，从哲学意义上来看，道德能力包括合理的价值观、正义感和仁爱心、自主意识和责任感等三个层面的内涵。[2] 基于中学学段教师专业伦理的特殊性，这三个层面的内涵在中学学段更为突出表现在价值观、正义感和责任感三方面。因此，本研究将教师伦理能力的横向维度的提升归纳为三方面：合理的价值观、公正和责任感。

1. 教师价值观自我澄清，形成合理价值观

中学阶段，是学生的价值观逐渐形成并形成系统的价值观体系的重要

1 特里·L·库珀. 行政伦理学：实现行政责任的途径（第4版）[M]. 张秀琴，译. 北京：中国人民大学出版社，2001：7-17.

2 曹刚. 论道德能力 [J]. 哲学动态，2006（7）.

阶段，教师对学生的价值观影响作用大于学前及小学阶段，也大于大学阶段。社会生活的多元化导致学生价值选择的困惑，中学生尚难以通过自身的反思形成积极的价值观。因此，需要成人帮助其进行筛选，使之学会判断和选择。

教师对学生价值观的影响主要有显性和隐性两种方式。在教育过程中，教师向学生告知、提倡某些价值观，是对学生价值观形成的显性影响。教师自身所持有的价值观，通过教师对待教育教学工作、对待学生的态度，不知不觉而流露出来，它潜移默化地对学生的价值观形成产生影响，这就是教师价值观影响的隐性方式。

在价值多元的时代，有时并不能简单判断一种价值的对错与否。在教师和学生的价值观领域中，当然存在着多元价值观，许多价值观都有其合理的一面。然而，价值观存在的合理性并不意味着学校教育不需要对价值观进行筛选。在学校教育中，教师肩负着对学生进行价值观引领，培养学生良好品行的重任，因此，应当向学生传递积极的价值观而非消极的价值观，引导学生形成健康向上的价值观。在教育过程中，教师不仅需要了解学生价值观的多样性，而且需要对自身的价值观进行澄清，不迷失在多元价值观中。一方面，如果教师迷失在多元的价值观中，缺乏专业判断，不能区分积极的价值观与消极的价值观，那么，在价值观引导方面容易对学生造成误导，导致学生信奉消极价值观。另一方面，多元价值观也在不断挑战教师原有的价值体系，导致教师在履行专业职责时产生内心冲突而影响教学工作。例如，在利己主义、消费主义的消极价值观的影响下，人们往往以地位、收入等来评价个人的成就。许多行业的物质收入丰厚，相比之下，教师待遇略低。经济的因素也可能导致教师对职业的热情不高，以敷衍塞责的方式完成工作。再加上一些教师生活的经济压力较大，通过收费补课的方式能获得较多的收入，教师就可能出现课堂教学不认真完成，而要求学生通过交纳补习费等方式在课外完成原本应课内完成的教学任务。又如，在教师教学评价与监督体系并不十分完备的情况下，部分教师容易计较个人付出，得过且过、敷衍了事，课堂教学随意性太大。

2. 提升教师的公正伦理素养

公正是人类社会永恒的价值追求，教育公正是社会公正的重要组成部分。学校中的公正，有利于培养学生的公正品格，有利于学生对于社会公正的认知，通过教育培养的人才，是服务于社会的人才，这样的人才具有公正的品格，将从实质上推动社会公正的实现。学校教育活动的主要开展者是教师，教师将各种理念内化，并将之贯彻于教育教学中。所以，教育公正的实现，从最直接的角度看，是依赖于教师对学生的公正。

研究及教育经验表明，在中学阶段，相对于教师的关怀品质而言，中学生更关注教师的公正品质。公正伦理的重要性可从教育活动的本质、教师的职业形象以及教师对学生发展等方面来理解。

从教育本身来看，教师为什么需要公正，这和教育的本质有关。教育是培养人的活动，教育所要培养的是具有善的人格的人。所以，教育的本质是向善的，是教人从善。教师如果在教育活动中不能公正对待学生，就偏离了教育善的本质。只有公正对待学生，使学生在教育活动中体会到被尊重与被信任，帮助每个学生按照各自的特点得到最大发展，这样的教育才是善的教育。

从教师的角度来看，教师公正具有示范作用，它有助于树立教师的威信和良好形象。学生具有"向师性"的特点，尤其对于中学阶段的学生，会更关注教师的言行是否一致，言行举止是否符合教师职业要求。教师的言行就是学生参照的榜样，教师对学生的影响是最直接的。一名教师如果是公正的，那么公正的德性会表现在教师的言行举止中。学生通过与教师交往，感受到教师的公正德性，并且从教师公正的行为中获得成长。公正的教师会得到学生的认可和欣赏，教师的权威在不知不觉中树立并得到加强。不公正的教师，给学生所树立的是消极的榜样，而且教师的行为不能得到学生的认可，教师的教育效果将大打折扣。

从学生的角度看，教师的教育公正将有利于提高学生学习积极性。学生学习积极性会受到教师对其的教育方法和态度的影响。教师在教育过程中如果有偏袒，受到忽视的学生，学习积极性会逐渐下降。教师公正地对待学生，使学生感受到教师的关爱，会在很大程度上提高学生学习的积极性。

除了学业方面，教师公正对学生公正德性的养成也有很大的作用，学生公正品质的养成有助于促进社会公正的实现。教师公正有助于学生认识到什么是公正，尤其是学生感受到公正以后，能体会到对待他人要公正，公正是人与人相处的原则，是值得追求的道德品质，这就增进了对公正的认知和情感体验。学生在感受到公正后，也会把践行公正作为自己的追求，在日常生活中要求自己，提高自己践行公正的能力。所以，教师公正对待学生，对学生的道德心灵成长和健康人格的塑造会产生有益影响，这一影响关乎学生的终身发展。通过学校教育培养的学生，今后成为社会成员，他们的公正品质，对于促进社会公正有重要意义。

3.培养教师的社会责任感

人本主义取向的教师专业发展注重教育中人的要素，理解学生，促进发展学生；建立积极的师生交往关系；注重教师的实践反思等。而社会重建主义取向的教师专业发展，强调教育与社会之间的联结，强调人的能动性、人与社会情境的互动、人对情境的意义赋予及其行动对社会现实的进一步影响。"在学校教育中，教师作为参与构建学校现实的重要力量，其如何界定自己的工作和作为教师承担的角色，如何界定成功教师与有效教学，直接影响学校所呈现的现实。"[1] "社会重建取向"强调将教师作为社会重建和促进社会正义的能动者。在课堂内，他们需要反思自己所教的是谁的知识，需要对学生的多元文化背景有敏感性，积极根据自己所教授的学生的背景及其特点做相应的课程开发，以更好地帮助不同背景的学生，特别是来自弱势家庭的学生进行学习。在课堂外，教师要充分认识到学校教育与社区的关系，应该积极介入到社区当中，为学生创设良好的社区环境，并通过教育教学实践改造社区。

从"社会重建主义"取向看教师专业伦理，教师应提升社会责任感，发挥教师作为社会重建和促进社会正义的能动者。对于中学学段而言，具有重要的意义。初中阶段的公民素养培养非常重要，而学生公民素养的发展，有赖于教师公民素养的提升，其中重要的维度是社会责任感。只有教师的社会责任感才能塑造学生的社会责任感。教师意识到自身在社会中的角色，教师如何培养学生的社会责任意识，都是重要课题。

▎ 第二节　建构教师专业伦理修养的生态系统　▎

教师专业伦理修养的提升，不仅与教师自身的水平、努力等有关系，还与教师所处的时代、社会、教育背景有关系。教师伦理素养的提升，离不开教师自身的努力与完善的专业伦理支持体系。

1　Rosenholtz Susan J. *Teachers' Workplace: The Social Organization of Schools* [M]. White Plains NY: Longman, 1989.

一、社会生态系统与教师专业伦理修养的生态系统

生态系统本指在自然界的一定空间内，生物与环境的统一整体以及这二者在一定时间内的动态平衡。借用这一概念，布朗芬布伦纳提出了社会环境影响个体心理发展的"生态系统理论"。"该理论认为，社会影响可以归纳为以个体为圆心扩展开来的嵌套式系统。这一系统的核心是个体，包括个体的生理、心理特征；紧邻个体的是那些能够对个体产生最直接影响的社会因素，例如家庭、朋友、学校，称为微系统；包裹微系统的是该系统中各因素的交互作用，布朗芬布伦纳称其为中系统；中系统之外，是那些直接影响微系统中重要他人的因素，这些因素构成了外系统；位于外系统外层的是宏系统，包括特定文化中的价值观、态度、习俗以及法律等；最后，社会变迁及其对其他系统中因素的影响构成了时间系统，居于整个模型的最外围。"[1]

生态系统理论批判了将问题原因归咎到个人的传统取向，改变了重视个人特质或个别差异归因的范式，转向重视"人在情景中"的范式。强调整合性视角，既重视人的发展，又看重环境对人的影响。生态系统理论认为问题的产生是由"生活中的问题"所造成的，"生活中的问题"涉及个人所处的环境，源于人与系统之间互动的不协调。

从生态系统理论视角来看影响教师伦理素养提升问题，教师伦理素养的提升，需要教师与环境的有效互动。在影响教师的环境因素中，以下几项是较为重要的因素：学校打造为伦理共同体；教师专业伦理规范的完善；建立专业伦理组织提供伦理保障。

1 俞国良，李建良，王勍. 生态系统理论与青少年心理健康教育［J］. 教育研究，2018（3）.

二、构建教师伦理素养的生态系统

（一）将学校打造为伦理共同体

伦理共同体是按照伦理规范相互对待的一切个体和群体的总和。具体来说，是指在"当代社会人们普遍交往所形成的交往共同体中，人们为了实现共同的利益和价值目标，通过所有成员的共同参与、真诚合作形成的成员之间及成员与共同体之间在伦理和精神上整体的相互关系，它的关键在于从道德上表达成员之间相互依存的关系和组织上高度整合的状态"[1]。

将学校打造为伦理共同体，就是从整体学校文化、教师群体文化、学校管理等方面注重其伦理特性。而当前学校管理存在的问题表现为："学校整体的道德气氛显得薄弱，学校教育本身存在着不道德的规范、规矩和行径，学校对待教师和学生的许多方式是不道德的，是与他们的福祉、与教育的目的完全相悖的；学校所奉行或者所实行的许多原则与道德原则相冲突。在一定程度上可以说，学校的某些方面对儿童的道德领域产生着严重的消极影响，如学校的不平等的分层体制和竞争制度、学校的唯利是图、学校违背诚信原则、学校对学生的体罚、学校文化的鄙俗等，对学生的道德品质的建构形成了严重的障碍，这些消极影响部分或全部地销蚀着道德教育。"[2]

将学校打造为伦理共同体，首先，学校依据伦理规范和准则进行管理。要实现学校管理目标，要使学校要求与利益相关者要求相协调，而正

1　陆树程. 市民社会与当代伦理共同体的重建 [J]. 哲学研究，2003（4）.
2　金生鈜. 为什么要塑造学校的道德文化——学校作为一个道德共同体的再道德化思考 [J]. 西北师范大学学报，2005（7）.

确处理利益关系离不开诸如一视同仁、知人善任、公正平等、民主等伦理规范和准则的指导。这些伦理规范将学校成员联系在一起，保证学校生活的正常进行。学校生活依据良好的伦理原则来进行，如树立以人为本的管理观念，创造合理的用人机制，为教师的发展创造平等、开放的条件等，这些有利于校园整体良好氛围的形成，也为教师的发展创造了有利条件。其次，教师之间形成亲密的、有机互动关系，建立教师发展共同体。教师共同体内部主动进行各种交流，相互促进。在教师面对教育情境中的伦理问题、困境之时，在教师群体中共同探讨。在教师共同体中，鼓励教师进行道德叙事、价值澄清、伦理问题研讨与反思，在宽容的集体氛围中，教师之间相互帮助，而教师也能自由、从容地获得解决伦理问题的方法，接受某种价值取向。

（二）完善教师专业伦理规范

"改革开放以来，我国于 1985 年、1991 年、1997 年、2008 年先后颁布和修订了《中小学教师职业道德规范》。新修订的师德规范无疑具有新的积极因素，如，'教师应保护学生安全''树立终身学习理念'等。但是，与发达国家和地区相比，我国大陆修订的师德规范尚缺乏专业意识，其突出特点为：（1）停留在一般性、经验性的规范上，对于教师工作的专业特性反映不够，部分条目只需把主题替换一下就可以变成其他职业的规范，如依法执教、爱岗敬业；（2）制定的规范不具体、不全面、操作性差，'既没有很好地表达教师的职业特征，表述又过于笼统和抽象，难以在教育实践中发挥规约和引导教师行为的作用'；（3）规范制定的目的主要是约束教师的行为，缺乏对教师专业地位的承认和保护；（4）联合国教科文组织在《关于教师地位之建议书》中有所建议：'由于伦理或行为准则对教师合法之权益与其职业权责之行使，有极大的影响，这类准则应由教师组织加以制定。'而我国相关规范的制定主要是以官方为主导的行政行为，属于他律，而非以教师和教师组织为主体的自律公约。"[1]

关于教师专业伦理规范的完善，除在内容、形式、制定者等方面需要进一步完善之外，从教育专业化的角度完善教师伦理规范，更需要依据学段的特殊性，制定针对中学学段教师的专业伦理规范。首先，由专业的教师组织制定中学学段教师专业伦理，这样的伦理规则是从教师的专业活动出发，为解决教师在教育情境中的问题，并给予教师在专业情境中的发展以引领的专业要求。其次，伦理规范的内容体现中学学段的特殊性，表征中学学段教师在专业活动中的伦理问题，从而规约教师的专业行为，促进教师提供更好的专业服务。时代变迁，教师和学生成长的时代、家庭背景都发生很大变化，教师之间、师生之间、家校之间在教育场域中的相遇，会产生许多新的问题。而这些问题在不同的学段有不同的表现、成因和解决对策。因此，伦理规范的内容需要体现学段的特殊性，才能更好地有利于教师的专业活动开展。

（三）建立教师专业伦理组织

"专业组织（professional organization）是具有共同思想或志趣的人组成的团体或协会，它能够给其成员提供支持或其他资源，出版相关资料，为自身事业的发展而努力。"[2]教师的专业伦理不但需要自觉修炼，也需专业组织的集体监督与敦促。教师专业伦理组织的主要目的在于为教师

1　张添翼，程红艳.中小学教师专业伦理规范建构的调查研究及建议［J］.教育科学研究，2013（9）.

2　费奥斯坦，费尔普斯.教师新概念——教师教育理论与实践［M］.王建平，等译.北京：中国轻工业出版社，2002：228.

提供专业支持，维护职业的专业性，维护本专业的利益，促进专业发展。"如果没有专业组织的约束与监管机制，没有一定的执行力度与规范体制，个别教师有可能偏离道德轨道，危害教师的整体形象，也损害学生和国家、社会的利益。专业组织还可以借助强大的群体力量，把教师作为社会公民应遵循的道德规范和作为教师应遵循的专业伦理区分开来，澄清教师的权利和义务，即教师作为公民的权利与其职业义务，摒弃附加在教师身上的'圣人'光环和脱离教师生命个体需要的道德说教，把义利统一、民主、平等、竞争等符合时代主题的观念纳入师德内容，帮助教师实现自身价值与社会价值的统一，让教师在每一天的教育生活中感受到成长与发展的快乐和幸福。"[1]

在美国，教师类专业组织数量繁多、种类丰富，主要包括美国全国教育协会、美国教师联合会、教师教育学院协会和美国全国专业教学标准委员会等。其中全国性的专业组织美国教育协会对美国教育的影响最为全面和深远，它不仅"塑造和规范美国教师和教学专业、关注与推进美国教育的各专门领域"，还参与和介入"地方与州的教育事务、影响干预美国教育决策"。[2]

建立教师专业伦理组织的意义和价值在于，从理论层面看，能够制定更专业的伦理守则，为教师专业行为提供依据；从实践层面看，能够监督教师的教育行为，对教师的不道德行为进行惩处，还可以通过处理问题的过程对教师的专业行为进行规范。而且专业组织在对教师进行监督和评价

1　许楠. 组织社会学视域下中美教师专业发展比较研究 [M]. 广州：广东教育出版社，2016：183.

2　龚兵. 全国教育协会：美国教育界一股不容忽视的力量 [J]. 湖南师范大学教育科学学报，2006（4）.

时，在判断教师行为是否符合伦理标准时，并不像教育行政组织仅仅是对教师行为进行裁决和处罚，而是从教师发展的角度出发，侧重帮助教师意识到专业的伦理意义和问题，并积极提升自己的伦理品质。因而，在专业性组织中，教师能够以一种开放的态度进行交流和学习。此外，教师专业伦理委员会和教育协会等专业性组织本身还为教师提供了一个公共平台，依据这个平台，教师可以透彻地思考专业生活中出现的有难度的伦理问题和伦理困境，为教师解决伦理困境提供开放的资源和专业的帮助。

我国目前有各级各类教育行政部门负责师德建设工作，也有教师工会组织，但是它们都是采取行政组织的官僚制，并不能被视为是教师专业性组织。此外还有教育类的"协会""学会"，它们多数是学术研究类的团体。在我国要建立起能发挥专业组织功能的教师专业伦理组织，使专业组织能够自主依法运行，实现对教师专业伦理行为的规范、指导、监督与保护等职能。

后　记

　　本书从教师在教育活动中的几对交往要素出发，探索基于中学学段特征的教师专业伦理问题。课堂教学、师生交往、家校交往及教师同侪交往，在每个学段都是教师教育活动的主题，但是中学学段的教育任务特点、教育活动主体的身份特殊性及教育场域中的文化特殊性等因素，都预示基于学段的教师专业伦理的特殊性。因此，本书对中学教师专业伦理的特性进行分析，既涉及具有共性的教师专业伦理问题，更关注学段的特殊性。

　　本书对中学教师专业伦理的分析尚处于探索阶段，对中学教师专业伦理的特性分析、对如何提升教师专业伦理素养的探索，基于教育基本理论与伦理学理论，但分析还比较粗浅，部分分析对中学学段的特殊性揭示和解释还不够深入。例如，对中学阶段的文化特点的分析，是本研究今后将进一步拓展的方向。中学生文化的特殊性，师生交往中的文化交往问题，家校交往中文化资本及家校交往的文化主题，教师的文化生存和同侪文化交往问题等，是中学阶段的突出问题，深入研究文化问题是探索中学教师专业伦理的重要方面。

　　本研究可视为时间之维的教师专业伦理的探索起点之一，期待还有更漫长与精彩的研究之旅，能够在未来继续。

图书在版编目（CIP）数据

与青春相伴：中学教师伦理研究／杨启华著.—上海：华东师范大学出版社，2022
（大夏书系.师道文丛）

ISBN 978－7－5760－3353－3

Ⅰ.①与⋯ Ⅱ.①杨⋯ Ⅲ.①中学教师—师德—研究 Ⅳ.① G635.16

中国版本图书馆 CIP 数据核字（2022）第 195565 号

大夏书系·师道文丛

与青春相伴
—— 中学教师伦理研究

丛书主编	檀传宝
著　者	杨启华
策划编辑	李永梅
责任编辑	万丽丽
责任校对	杨　坤
装帧设计	奇文云海·设计顾问

出版发行	华东师范大学出版社
社　址	上海市中山北路 3663 号　邮编　200062
网　址	www.ecnupress.com.cn
电　话	021－60821666　行政传真　021－62572105
客服电话	021－62865537
邮购电话	021－62869887　地址　上海市中山北路 3663 号华东师范大学校内先锋路口
网　店	http：//hdsdcbs.tmall.com

印刷者	北京密兴印刷有限公司
开　本	700×1000　16 开
印　张	11
字　数	140 千字
版　次	2023 年 1 月第一版
印　次	2023 年 1 月第一次
印　数	6 100
书　号	ISBN 978－7－5760－3353－3
定　价	49.80 元

出版人	王　焰

（如发现本版图书有印订质量问题，请寄回本社市场部调换或电话 021-62865537 联系）